# 미셸 푸코

### 권력의 꼭두각시로
### 살지 않기 위해

# Michel

## 미셸 푸코

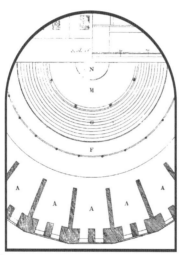

오늘을 비추는 사색

하코다 데쓰 | 전경아 옮김

까치

권력의
꼭두
각시로    살지 않기 위해

# Foucault

IMA WO IKIRU SHISO : MICHEL FOUCAULT KEN-
RYOKU NO IINARI NI NARANAI IKIKATA 今を生き
る思想 ミシェル・フーコー 権力の言いなりにならない生き方
by Hakoda Tetz 箱田徹

Original Japanese edition published by KODANSHA LTD.
Korean publishing rights arranged with KODANSHA LTD. through
EntersKorea Co., Ltd.

옮긴이 전경아(全俓芽)

중앙대학교를 졸업하고, 현재 번역 에이전시 엔터스코리아 출판기획
및 일본어 전문 번역가로 활동하고 있다. 주요 역서로『미움받을 용기』
1—2권,『일과 인생』,『지금이 생의 마지막이라면』,『너무 신경썼더니 지
친다』,『아직 긴 인생이 남았습니다』 등이 있다.

편집, 교정_ 권은희(權恩喜), 김미현(金美炫)

미셸 푸코 : 권력의 꼭두각시로 살지 않기 위해
저자/하코다 데쓰
역자/전경아
발행처/까치글방
발행인/박후영
주소/서울시 용산구 서빙고로 67, 파크타워 103동 1003호
전화/02·735·8998, 736·7768
팩시밀리/02·723·4591
홈페이지/www.kachibooks.co.kr
전자우편/kachibooks@gmail.com
등록번호/1—528
등록일/1977. 8. 5
초판 1쇄 발행일/2024. 9. 5
값/뒤표지에 쓰여 있음

ISBN 978—89—7291—852—3 04160, 978—89—7291—847—9 (세트)

# 차례

# 들어가는 글

## 사회가 변화할 때
---

2007-2008년, 미국에서 벌어진 리먼 브라더스의 서브프라임 모기지 사태를 기점으로 전 세계적인 경제위기가 발발한 이래, 세계는 큰 변혁의 파도에 휩싸였다. 그중 하나가 중동과 유럽 각지에서 일어난 "광장 혁명"이었다. 이 혁명들은 내용과 방법은 서로 다를지언정 공통적으로 기존의 체제에 이의를 제기했고, 실제 몇몇 나라에서는 정권 교체를 이끌기도 했다. 또 2018년 스웨덴에서는 당시 열다섯 살의 그레타 툰베리Greta

Thunberg가 "기후 행동"에 나서서 순식간에 세계적 반향을 일으켰고, 산업 혁명 이후 전 세계의 평균 기온 상승을 1.5도 미만으로 제한한다는 목표의 중대성을 알리는 데에 크게 공헌했다.

사회를 크게 변화시키는 계기는 종종 무엇인가를 나서서 하던 사람들이 별안간 **적극적으로 아무것도 하지 않는 것**, 늘 당연하게 하던 행동을 **거부하는 것**이다. 광장 혁명에도 기후 행동에도 그런 측면이 있다. 누구나 어느 정도 알고는 있지만 크게 주목하지 않던 사안에 이상하다고 이의를 제기하는 것, 이것이 바로 "거부"의 강력한 힘이다. 거부의 행동이 그때까지 당연하게 여겨왔던 일상의 자명성을 벗겨내주기 때문이다.

지금까지 당연시해온 상식이 당연하지 않음을 알게 되었을 때 절대성, 참혹함을 자랑하던 시스템이 실제로는 허약한 토대 위에 간신히 서 있다는 점이 만천하에 드러난다. 그뿐인가. 그러한 장면을 목격한 우리는 여태껏 불가능하다고 믿었던 것이 실제로는 가능하며, 그 생생한 가능성이야말로 새로운 시간과 공간을 열어 다른 세계를 상상하고 창조하는 수단이 된다는 것을 깨닫게 된다.

그러한 충동적 계기가 역사와 사회를 움직여왔다. 우리도 각자 수많은 극적인 만남과 경험을 통해서 자신의 삶을 개척하며 살아간다. 현대 사상에서는 세간에 회자되는 사회적 사건과 우리 자신에게 강한 영향을 미치는 기회를 아울러 "사건event"이라고 부른다.

우리는 개인으로서든 사회구성원으로서든 다양한 사건을 경험하고 그로 인해서 일어나는 변화를 체감하며 살아간다. 그렇다면 사회 안에서 그렇게 **주체적으로** 변하는 우리의 모습은 어떻게 해석해야 할까? 사상사에 비추어 말하자면, 사회를 비판적 시각으로 바라보는 행위란 우리가 그 일원이기도 한 이 사회, 넓게는 자본주의 사회를 이해하는 동시에 자신을 이해하여 이 사회를 변화시키려는 시도를 일컫는다. 이는 곧 우리와 사회가 "변화하는" 것에 관한 질문이기도 하다.

미셸 푸코(1926-1984)의 사상은 1970년대 이후 현대 사상과 비판적 사회이론에 지대한 영향을 미쳤다. 어떤 사건을 경험하는 동안 우리의 생각과 행동은 어떻게 변해갈까? 그러한 변화를 재촉하거나 가로막는 것은 어떤 시스템일까? 그러한 시스템, 타자, 그리고 자기를 경험하면서 우리는 자신을 어떤 주체로 만들어갈까? 1970년대 후반부터 1980년대 전반에 이르는 푸코의 "후기" 사상을 중심으로 푸코가 펼쳐낸 사색은 이러한 질문들을 통해서 자기와 사회의 현재 모습을 음미하고 그 새로운 모습을 구상할 단서를 던져준다.

## 푸코의 특이한 스타일

푸코는 1926년에 프랑스 푸아티에에서 태어나 1946년에 파리 고등사범학교에 진학했다. 1951년에 교사 자격시험에 합격한 뒤 문화 사절로 해외에 부임했고, 국내외에서 교사로 일했다. 1970년에는 프랑스에서 가장 권위 있는 학술기관으로 꼽히는 콜레주 드 프랑스의 교수로 취임하여 에이즈AIDS로 1984년 6월에 쉰일곱의 나

이로 사망할 때까지 그 자리를 지켰다. 그 사이 그는 세계 각지에서 강연과 세미나를 열었다.

사상가로서 그의 궤적을 세계사에 겹쳐보면, 그것은 제2차 세계대전 후에 발생한 식민지 해방이라는 거센 흐름과 동서 냉전 체제의 시작부터 끝까지와 중첩된다. 선진국에서는 전후 부흥으로 시작된 고도성장이 끝나고 1970년대의 저성장이 일상화되는 가운데, 신자유주의가 대두하는 시기에 해당한다.

이 시대에는 다양한 사상의 조류가 출현했다. 세계 곳곳에서 발생한 반란과 이의 제기를 바탕으로 그때까지와는 다른 대안적 이론과 실천 방법이 모색되었던 것이다. 이렇듯 1960년대부터 1980년대에 걸친 소란스러운 시대 상황은 푸코의 삶과 사고의 중대한 배경을 이룬다.

푸코는 전후 프랑스의 좌파 지식인들 중에서는 아주 드물게도 청년 시절부터 프랑스 공산당에도, 사회주의 국가에도 비판적이었다. 한편, 1970년대 이후에는 죄수와 동성애자, 동유럽과 소련의 반체제 민주파 지원, 인도차이나 난민 구제 등 다양한 운동에 관여했다.

그 활동에는 기존의 지식인을 비판하는 독특한 면이 있었다. 푸코는 지식과 학식이 있는 사람의 입장에서 "학대받은 사람들"을 대변하고, 보편적으로 법과 정의를 말하는 전통적 지식인의 모습을 거부했다. 대신 그는 당사자가 직접 나서서 말하는 행위를 중시했다.

가령 형사시설의 인권이 심각한 상황이라고 가정해 보자. 이 경우 푸코는 그 상황을 가장 잘 아는 죄수가 직접 나서서 말을 해야 하며, 그 발언을 가로막는 것이 문제라고 생각했다. 1970년대 초 푸코는 실제로 그러한 활동에 나서서 실태조사와 출판을 통해 당사자인 죄수의 육성을 그대로 내보내는 기회를 만들기도 했다.

이러한 푸코의 움직임에 발맞춰, 침묵이 지배하는 현상에 저항하고 현장에서 문제를 제기하여 지식과 권력의 나아갈 바를 구체적으로 묻는 "전문 영역의 지식인"(이라고 푸코가 부르는 사람들)도 활동했다. 현대 권력론의 고전으로 꼽히는 푸코의 대표작 『감시와 처벌 *Surveiller et Punir*』 역시 이러한 움직임을 배경으로 하는데,

이 책은 특히 1970년대 전반에 존재했던 감옥 정보 그룹GIP이라는 역사적 운동에 푸코가 직접 참여한 덕분에 나올 수 있었다.


## 우리는 왜
## 이런 상황에 처했을까

푸코는 시대의 전환점의 한복판에서 사색을 펼쳤다. 다만 사회와 운동의 요청에 응하고자 하면서도 어떤 이론적 전망이나 방침을 제시하지는 않았다. 사회를 변혁시키려면 무엇이 이루어져야 할까? 이런 질문에 대해서 이론을 제시하지 않은 것이다. 그 대신 그는, 우리는 왜 이런 상황에 처했을까? 우리가 정말로 참을 수 없고 견디기 힘든 것은 무엇일까? 그리고 그러한 사태를 불러온 사회와 사상의 구조와 그 내력은 무엇일까? 그러한 질문을 던지고 역사와 현재 안에서 그 해답을 구하고자 했다.

그렇다면 21세기 초인 지금, 우리의 상황은 어떨까? 자본주의는 오늘날에도 전력을 다해서 톱니바퀴를 돌리고 있다. 경제 격차의 확대는 그칠 줄 모르고, 자연은 회복이 불가능할 정도로 파괴되고 있다. 온실가스 배출량을 줄이려는 노력도 별다른 진전을 얻지 못하고 시간만 째깍째깍 흘려보내고 있다. 지진을 제외하면, 오늘날 자연재해의 심각성은 근대 자본주의와 부유층이 불러온 환경 파괴와 온난화의 인위적 결과인데도 그러한 인식은 널리 퍼지지 않은 듯하다(이러한 인식이 미래의 독자에게 시대착오적으로 느껴지는 날이 오기를 간절히 바란다).

그러나 희망이 없는 것은 아니다. 우리의 삶은 순간순간 이미 충분히 위협받고 있으며, 이대로 방치하면 미래는 없을 것이다. 그래서 아무 일도 없다는 듯이 계속되는 이 일상을 어떻게든 해야 한다는 절박한 위기의식이 다양한 형태로 힘차게 솟아오르고 있다. 이와 더불어 자본주의가 구조적인 위기를 일으키며 인간과 생태계에 파국을 가져온다는 인식을 토대로 그 현대적인 모습을 총체적으로 재검토하려는 이론적 시도도 거듭되고 있다. 그런 의미에서는 푸코의 이론을, 이론적이면서 **동시에** 실천적으로 실현된 현재 사회 구조와 주체가 어떤 관련이 있는지 다시 한번 질문을 던지는 이론으로 읽을 수도 있을 것이다.

## 지금과는 다른 미래를 향한
## 주체적 시도

자기 자신조차 마음대로 되지 않는다. 후기에 푸코가 제시한 통치론의 토대에는 이러한 인식이 깔려 있다.

여기에서 말하는 "자기"란, 자신의 행동을 어떤 방향으로 "인도하는" 동시에 타자의 인도를 받아 행동하는 존재를 말한다. 자기 자신을 인도하고 타자의 인도를 받아들이는 운동이 "통치"이며, 그 인도하는 모습에 대한 고찰이 통치론이다. 한편 인도, 즉 통치의 주체와 객체의 크기에는 한이 없다. 이와 관련해서는 제2장에서 살펴볼 것이다.

자기와 타자를 인도하고 타자의 인도를 받아 행동하는 주체는 그것이 자신이든 상대방이든 전혀 마음대로 할 수가 없다. 타자는 물론이고, 자기 자신도 인도할 대상이다. 자기를 인도하기는, 다시 말해서 자기를 통치하기는 매우 어렵다. 우리는 자기 자신의 몸도 마음도 뜻대로 움직이지 못한다. 실제로 해보면 자기 뜻대로 되지 않는다는 것을 알게 될 것이다.

푸코라면 그것 자체는 잘못이 아니라고 덧붙일 것이다. 오히려 그 사실에서 출발해야, 그렇다면 자신을 어떻게 인도하고 통치해야 하느냐는 질문이 성립하기 때문이다. 이것이 제2장 이후에 다룰 "자기와 타자의 통치"에 관한 문제이다.

인도, 통치에 관한 문제는 권력과도 관계가 깊다. 권력은 타자의 행동을 이끄는 것과 관련이 있기 때문이다. 제1장에서 보듯이, 푸코가 말하는 "권력"의 의미는 일반적인 의미와 다르다. 그것은 소유의 대상도, 상대의 행동을 전부 자기 마음대로 강제로 결정할 수 있는 힘도 아니다. 권력이란 행사되는 것이며, 말하자면 유동적인 관계이다. 거기에서는 모든 행동이 일방적, 전면적으로 결정되지 않으며, 오히려 언제나 일정한 자유와 선택의 여지가 존재한다. 이러한 권력관계 속에서 자기와 타자의 관계는 통치, 인도의 관계와 평행을 이룬다.

자기는 언제나 이렇게 타자와의 관계, 자신을 둘러싼 권력관계 속에서 살면서 스스로를 어떻게 이끌고 갈 것인가 하는 문제와 마주한다. 자기는 자기를 인도하는 동시에 타자의 인도를 받으며, 타자도 인도하는 삼중관계 속에 있다. 이렇게 자기와 타자의 인도, 다시 말해 통치관계 속에서 사는 것을 "주체화"라고 한다.

인간은 권력관계 속에 있어야 주체가 된다. 단, 그것은 주체가 아닌 것이 주체가 되면 끝나는 일회성 사건이 아니다. 우리는 주체가 된다는 끝없는 과정을 거치며 살아간다. 늘 변화의 한복판에 있는 **주체화**의 작용으로 인해서 끊임없이 주체가 생성된다. 푸코식으로 돌려 말하면 주체는 존재하지 않지만, 그렇다고 없는 것도 아니다.

덧붙이자면 자기는 어떤 "진정한 것"(진리 혹은 진실)을 통해서 자신과 관계를 맺고 주체가 된다. 푸코의 논의를 보면, 이 "진정한 것"은 크게 두 가지로 나뉜다. 먼저 인간을 개체이자 집단으로 취급하고 여기에서 나온 것을 토대로 인간의 행동을 제약하고 방향을 정하며 인간을 **종속시키는 진리**와 인간의 현재 모습을 변화시켜서 인간을 **자유롭게 하는 진리**이다.

이에 따라서 주체화도 두 종류로 나눌 수 있다. 종속적 주체를 낳는 주체화와 자유로운 주체를 낳는 주체화이다. 전자는 권력론의 문맥으로는 "신민화"라고 한다. 왜냐하면 "주체"라는 말에는 어떤 동작을 적극적으로 맡아서 한다는 **주체**라는 의미와, 군주의 지배를 받는 **신민**으로서 지배에 수동적으로 종속된다는 의미가 중첩되어 있기 때문이다.

이 책은 1970년 중반부터 1980년대에 걸친 푸코의 사상이 권력론에서 통치론으로 개진되어가는 과정에 있다고 본다. 이러한 전제하에 권력에 관한 푸코 이론의 핵심을 밝혀내고, 이어서 권력론 안에 통치와 주체라는 개념을 집어넣어 크게 발전시켜가는 모습을 설명한다. 이 통치론에 따르면, 주체가 어떻게 만들어지느냐는 질문은 주체가 어떻게 자신을 변화시킬 수 있느냐는 질문과 대체로 불가분의 관계이다. 사회와 자기에 관해서 설명하는 것, 그리고 그것을 변화시키는 것은 어떤 관계에 있는가? 이 고전적인 질문을 다시 던지면서 푸코의 통치론은 우리가 현재 사회를 생각하는 데에 큰 시사점을 제공할 것이다.

본문에 들어가기에 앞서, 각 장의 내용을 간략하게 살펴보자. 후기 푸코의 통치론은 권력론을 크게 발전시키면서 성립되었다. 따라서 제1장에서는 사람들에게 직접 말하게 함으로써 움직이는 권력의 작동 방식을 설명하고, 사람들을 권력관계 속에서 이해하는 푸코의 권력론의 기본 형상을 보여준다. 키워드는 봉인장lettre de cachet, 판옵티콘panopticon, 규율, 생명정치이다.

제2장의 키워드는 사목司牧과 통치, 자기 배려이다.

서양 근대의 특징적 권력의 모습을 기독교 "권력"의 "세속화"에 빗대어 이해하고, 이것이 푸코가 권력론을 "통치"라는 큰 범주로 발전시킨 계기임을 보여준다. 이 통치라는 개념은 고대 그리스, 로마의 "자기 배려"라는 문제로 이어지며, "자기와 타자의 통치"라는 통치론의 큰 틀을 형성하기에 이른다.

1970년대 후반의 푸코는 서구 선진국 사회의 사회통제 방법이 크게 바뀌고 있다고 느끼고, 권력론의 수법을 시양 근대 국가의 통치기술, 즉 통치성 분석에 적용했다. 제3장에서는 시장, 개입, 기업, 경쟁을 키워드로 푸코의 통치성을 대략적으로 살펴본다. 특히 제1차 세계대전이 끝나고 제2차 세계대전이 발발하기 전까지인 전간기에 등장한 신자유주의neoliberalism가 개인을 "1인 기업가"로 내몰고 완전경쟁시장이라는 허구를 원리로 내세워 사회에 개입한다고 지적한 푸코의 논의를 살펴본다.

마지막 제4장에서는 통치론이 "대항품행"이라는 발상을 토대로 대안을 찾고 자기 통치의 가능성을 모색하는 논의임을 밝힌다. 이 대항품행이란 권력관계 속에서 "저항"을 넘어선 기존의 체제에 대한 반란이며, 새로운 지도, 인도를 모색하여 미래의 문을 열고자 하는 **주체적** 시도이다. 이러한 문제 설정을 통해서 이 사회를 받치고 있는 체제를 **객관적**으로 파악하고 비판함으로써 우리는 지금과는 다른 세계를 보게 될 것이다.

제1장

# 권력은 유혹한다

## 권력과 주체의 생애

후기 푸코의 주체론은 권력론의 구상과 더불어 완성되었다. 따라서 이 장에서는 푸코가 권력 개념을 어떻게 이해했는지를 당시의 시대 배경과 함께 정리해보고자 한다.


## 권력은 관계이다

푸코의 『감시와 처벌』(1975)과 『지식의 의지_Leçons sur la Volonté de Savoir_』(1976)가 오늘날에도 사람들에게 읽히는 이유는 그 저작들이 권력의 개념에 관해서 참신한 견해를 제시하기 때문이다.

권력이라는 개념은 다양하게 정의된다. 하지만 이 말은 대개 한 개인이나 집단이 가진 자원을 활용함으로써 그 목적과 의지를 실현할 수 있는 능력을 가리킨다.

그렇다면 정치학과 사회학에서 말하는 "국가권력"이란 무엇일까? 여기에서 국가는 경찰이나 군대 등의 "폭력장치"를 가지고 있으며, 그 경찰력과 군사력을 활용히여 국경 내부의 개인과 단체에 법에 따라, 혹은 위정자의 뜻에 따라서 행동한다. 그리고 설령 당사자들이 바라지 않는다고 해도 그 의지와는 무관하게 강제할 수 있는 힘을 가진다. 따라서 국가권력은 이러한 능력을 발휘하는 제도, 다시 말해서 국가기관과 폭력장치로 체현된다고 생각할 수 있다. 이러한 생각에 따르면 "권력"이란 위에서 아래로 수직적으로 행사되는 동시에 기관과 제도라는 구체적 형태를 띠며, 실체를 가지고 존재한다.

푸코는 권력에 대한 이러한 생각을 단호히 거부했다.

『지식의 의지』에는 이렇게 쓰여 있다.

권력이란 제도든 구조든 어떤 사람들이 가진 힘을 가리키지 않는다. 어떤 사회에 복잡하게 얽혀 있는 전략적 상황을 가리킨다.

권력이란 어떤 사람이나 조직에 속한 누군가의 소유가 아니며, 형태를 띠고 어딘가에 존재하는 것도 아니다. 권력이란 어떤 행동을 하는 행위자들 사이에서, 그리고 온갖 장소에서 다양한 형태로 발견된다. 푸코는 이렇게 실체가 아니라 **관계로서** 권력의 개념을 다시 정의하면 어떨까 하고 문제를 제기한 것이다.

권력은 상대의 행동을 자기 뜻대로 좌우할 수 있는 능력과 권한이 아니다. 자기와 타자가 관계를 맺고 서로의 행동에 영향을 끼칠 때, 그러한 "파워 게임"에 작용하는 것이 권력이다. 또한 이것은 어디에서나 발견되는, 비대칭적이고 고정되지 않으며 언제나 반전될 가능성이 있는 관계를 가리킨다. 이러한 관점에서 보는 권력론을 "미시적 권력 분석"이라고 한다.

푸코는 보통 권력과 지배라고 하면 떠오르는 현상이나 개념에 관해, 국가와 자본 같은 큰 틀에만 중점을 두고 생각해서는 충분하지 않다고 보았다. 그리고 일상의 곳곳에서 매일 작용하는 국가와 자본에 비해 규모면에서 "작은" 사안에 초점을 맞춰 고찰할 것을 제안했다. 권력에 대한 논의를 거시적 관점에서 미시적 관점으로 옮기고 대문자 권력이 아니라 복수형 권력에 시선을 돌려야 근대 사회의 특징이 밝혀진다고 생각했던 것이다.

## 1960년대의 소란스러운 시대에
## 태어난 권력관

푸코의 권력론이 탄생하고 널리 받아들여진 배경에는 1960년대 후반부터 1970년대 전반에 걸친 소란스러운 시대 상황이 있었다.

제2차 세계대전이 끝난 직후, 공산당은 좌익 운동에 절대적인 영향력을 미치고 있었다. 그들은 파시즘과 군국주의에 저항했던 유일한 정당으로 자신들을 내세웠는데, 그것이 받아들여졌기 때문이다. 하지만 전후 세계의 움직임은 곧바로 그 "신화"를 뛰어넘었다. 아시아, 아프리카, 라틴아메리카에서 일어난 식민지 해방 운동, 흐루쇼프의 스탈린 비판과 헝가리 침공, 쿠바 혁명으로 대표되는 개발도상국의 사회주의 혁명은 각국 공산당의 권위를 이전보다 낮추었다. 당의 방침과 교리에 공공연하게 이의를 제기하고 거기에서 벗어나려는 움직임은 차츰 기세를 더해갔다. 인원수만 보면 별것 아니었지만, 그 사람들과 그룹이 만들어낸 사상과 행동은 시대의 분위기를 조성하고 새로운 사조를 열었다.

이러한 흐름 속에서 "뉴레프트New Left"라는 좌익 사회 운동이 대두했다. 그리고 뉴레프트의 줄기에 속해 있거나 거기에서 나온 일부 사람들과 무리에서 시대의 한 획을 긋는 주목해야 할 방향성이 나왔다. 그들은 기존의 정치 운동을 계승한, 자본주의 비판이라는 거시적

이고 "메이저"한 과제와, 오늘날의 표현으로 말하자면 인종, 종족, 선주민, 장애, 성평등, 섹슈얼리티, 환경 같은 미시적이고 "마이너"한 과제를 결합시켰다. 그리고 국가가, 나아가서는 세계가 자본주의에서 사회주의로 이행하면 모든 부정과 불평등으로부터 해방되리라는 교조적 마르크스주의 교리를 자신들의 현실에 비추어 거부했다.

당시의 여성 해방 운동이나 동성애 해방 운동을 예로 들어보자. 진 세계에서 우먼 리브Woman Lib(1960년대 후반에 미국을 비롯한 자본주의 선진국에서 일어난 여성의 자주성과 해방과 관련된 이론과 운동/역주)가 일어났듯이, 프랑스에서 일어난 FHARFront Homosexuel d'Action Révolutionnaire(혁명적 행동을 위한 동성애자 전선) 운동에도 여성과 성소수자 문제를 거의 다루지 않는 데 불만을 품은 좌익 활동가가 상당수 참여하고 있었다. 그들은 생각했다. '사회주의 혁명이 성공하는 날이 여성과 성소수자 같은 소수파가 해방되는 날이라면, 지금 여기의 억압된 상황은 일단 참고 언제 찾아올지도 모를 혁명의 날까지 당과 조직의 지시에 계속 따르라는 것인가? 일반 사회는 물론, 당과 운동체, 노동조합, 심지어 인간관계에도 뿌리 깊게 존재하는, 우리가 매일같이 직면하는 여성 차별과 동성애 혐오는 무엇이란 말인가? 우리는 그러한 권력을 고발하고 그것에 대항한다. 우리가 어떻게 살고 어떤 해방을 목표로 하는지, 무엇이 "사소하고", 무엇이 중대한지는 우리가 결정한다. 그렇게 함으로써 스스로 근대를 비판할 수 있고, 자본주의 사회를 비판할 수 있다.' 이렇듯 그들이 제기한 문제가 얼마나 중요한지는 반세기가 지난 현재까지 논의가 이어지고 있는 점만 보더라도 알 수 있다.

이러한 사람들과 조직은 자신들이 제기하는 각각의 과제에 고유한 접근 방식이 있다고 믿었다. 이에 따라 이들은 기존의 정당과 운동 조직의 방침에 만족하지 못하고 독자적인 운동 방식을 모색하고 사색하며 실천했다. 이러한 운동은 머지않아 가령 섹슈얼리티와 민족 같은 특정 과제, 특히 모종의 정체성과 이를 기반으로 한 공동체에 초점을 맞춤으로써, 단일 과제형의 새로운 사회 운동이라고 불리며 종래의 노동조합과 정치 당 파가 벌이던 이전의 사회 운동과 대비를 이루었다. 이 책 "들어가며"의 마지막에서 다룬 "인도"라는 말을 빌리면, 1950년대 후반부터 1970년대에 걸쳐 기존의 정치 집단과 다양한 운동체가 구태의연하게 "메이저"로 "인도"하는 모습에 넌더리가 난 사람들이 자신을 다른 방식으로 "마이너"하게 끌고 가기를 선택한 것이다.

## 권력은 말하도록 유도한다

권력에 대한 푸코의 생각은 이러한 운동의 거센 흐름과 공명한다. 다만 그는 그 흐름에서 볼 수 있는 권력관과는 비판적 거리를 두었다.

1968년 봄, 프랑스에서는 노동 운동과 학생 운동이 고조되면서 전국에서 수백만 명이 가두행진에 참가한 총파업이 일어났다. 이 프랑스 사상 최대의 사회반란을 "68 혁명"이라고 한다. 당시 대표적인 슬로건 중 하나는

"금지하는 것을 금지한다"였다.

권력을 무엇인가를 금지하는 것으로 보고, 그 금지 명령을 어김으로써 권력의 구속을 받지 않는 상황을 만들어내자, 그렇게 하면 우리는 자유로워질 수 있다—당시에는 이러한 사고가 뿌리 깊게 남아 있었다. 권력이란 무엇인가를 명령하는 일종의 "법"(정부가 정한 법률만이 아니라 종교의 규율, 정신분석이 고안한 무의식의 법까지 그 의미를 폭넓게 생각해도 좋다)이며, 이에 따라 그 법의 명령에 "침범하는 것"이 권력에 대한 저항이라는 주장이었다. 이론과 실천, 양쪽에 걸친 이 주장을 푸코는 엄중히 따져 물었다.

미시적 투쟁으로 돌아섰다고 해도 권력을 금지나 억압, 그리고 그로부터의 해방이라는 관점에서 본다면 새로운 방향성은 도출되지 않는다. 권력은 무엇인가를 하지 말라고 금지하는 것이 아니라 오히려 무엇인가를 하도록 유도하는 것이기 때문이다. "권력"이란 금하는 것이 아니라 낳는 것이며, "더 이상 말하지 마, 입 다물어"라고 명령하는 것이 아니라 더 말하라고 다그치는 것이다. 다시 말해서 권력은 주로 무엇인가를 **금지하기**보다 **생산하는** 작용을 한다. 따라서 권력으로부터 자유로워지기란 불가능하다. 이것이 다음 장부터 다루게 될, 기독교에서 유래한 사목 권력론을 중심으로 한 푸코 권력론의 핵심이다.

이러한 착상의 원천 가운데 하나가 『광기의 역사Folie et Déraison』(1981)를 집필하던 시점에 푸코가 언급했던 "봉인장" 제도이다. 프랑스 혁명 전의 구체제기에 존재했고 국왕의 이름으로 발부된 이 문서에 따라 행정기관은 개인을 잡아들이고 추방할 수 있었으며, 동시에 개인에게 직접 행동을 명할 수 있었다. 프랑스 혁명이 일어났을 당시 민중이 습격하면서 유명해진 파리의 바스티유 감옥은 그러한 개인들을 주로 잡아 가두는 곳이었다.

반국가 세력은 17세기 이후 자행되던 이 제도를 왕권의 자의성을 방증하는 동시에 사법을 무시하는 절대성의 상징이라며 강하게 비판했고, 프랑스 혁명 직후인 1790년에 폐지시켰다. 절대왕정의 그늘에서 행사되던 주권의 전형으로 간주했던 것이다.

그러나 푸코는 이 제도가 "구태의연하다"는 견해를 거부하고, 여기에는 근대 권력이 사회 안에 촘촘하게 침투하는 과정이 특징적으로 드러난다고 논했다. 봉인장에 대한 고찰은 권력이 위에서부터 행사되는 것이 아니라 아래로부터 만들어진다는 푸코의 견해를 수립하는 중요한 계기가 되었다.

봉인장은 남에게 피해를 준 개인을 처분해달라며 개인 혹은 집단이 국왕에게 간청하는 형식으로, "폴리스"(국가의 국정 전체를 통치하는 행정 분야의 명칭)에 소송장을 제출하여 조사 결과 소송이 인정되면 주권자인 국왕의 명령으로 그 요청이 실행되는 제도였다. 당시 왕권과 행정은 마음에 들지 않는 사람을 일방적으로 처벌하기 위해서 자의적으로 권한을 행사하지도 않았고, 요청에 근거하여 기계적으로 명령을 내리지도 않았다. 사람들이 요청하면 그 요청이 정당한지 조사해서 확인하고 소정의 수속을 밟은 뒤에 권한을 행사했던 것이다.

감옥에 잡혀 들어갔다고 하면, 어지간히 무거운 죄를 지은 죄인인가 보다 싶지만 그렇지 않았다. 기록에 따르면 수감자 대부분은 유명인이 아니라 서민이었으며, 가정이나 친족 간에 일어난, 그렇게까지 심각하지 않은 문제로 정해진 기한도 없이 때로는 죽을 때까지 갇혀 지내기도 했다.

봉인장은 당시 왕정을 비판하던 사람들이 으레 묘사하듯이 "전제적"이지 않았고 오히려 "합리적" 통치 구조 속에서 운영되었으며 서민의 사회적 요청에서 비롯되었다고 푸코는 말한다. 그리고 그것은 인간을 시설에 장기간 가둔다는 일반적이지 않은 실천을, 사법 체계 밖에서 행정적 조치로서 확립했다. 행정이라는 관점에서 보자면 법적 기준이 아니라 그 법을 참조한 자신의 판단으로 주민의 생활에 직접 개입하는 수단이 주어진 것이다.

권력은 사람들을 **위에서부터** 마구 짓누르는 것이 아니라, **아래로부터** 요청을 받아 사람들에게 직접 작용한다. 근대 권력의 **합리적** 특징이 이러한 이상, 금지와 억압을 기조로 하는 권력을 법의 모델로 보는 것은 요점을 벗어나 있으며, 그러한 견해가 바탕이 된 이론과 실천도 근저에서부터 다시 검토해야 한다. 따라서 권력을 해체하기란 어렵지 않겠느냐고 푸코는 묻는다.

아마도 권력을 해체하기란 몹시 간단한 일일 것이다. 권력이 감시하고 망을 보고 샅샅이 들여다보고 금지하고 벌하기만 한다면 말이다. 허나 권력은 부추기고 자극하고 지어낸다. 권력은 눈과 귀만 있는 것이 아니다. 행동을 부추기고 말하게 유도하는 것이다.

권력은 사람들의 외부에 존재하고 그 선동을 감시하는 것만이 아니다. 그것은 사람들의 일상에 침투하여 자신에 대해서 떠들게 유도한다. 그리고 거기에서 나온 "데이터"를 근거로 사람들을 더욱더 관리하에 두는 것이다.

예컨대 21세기 초의 GAFAMGoogle, Apple, Facebook, Amazon, Microsoft과 같은 존재를 생각해보자. 전 세계적

으로 과점화된 비즈니스를 운영하는 이러한 기업들은 애플리케이션과 서비스를 무료, 혹은 아주 저렴한 가격에 제공하여 사용자의 이용을 유도한다. 그리고 거기에서 얻은 데이터를 처리, 판매하거나 마케팅에 활용하여 거액의 이익을 창출한다. 과거라면 막대한 비용을 들여도 얻을 수 없었던 개인정보에 관한 데이터가 사용자의 적극적인 동의와 참여로 거의 비용도 들이지 않고 기업의 소유가 되는 것이다.

단, 이 "말한다"는 주체의 힘은 권력을 불러들이는 방향으로만 작용하지는 않는다. 그에 관해서는 다음 장에서 다시 설명하기로 한다.

## 판옵티콘과
## 종속적 주체의 생산

푸코에게 주체는 "되는 것"이다. 국가는 존재하지 않지만 그렇다고 없는 것도 아니며, 오로지 국가가 되는 과정에서만 존재한다. 푸코는 과거에 이렇게 말했는데, 주체도 이와 다르지 않다. 어떤 순간에도 변하지 않는 보편적 존재이자 행동과 사고의 단위로서 동일성을 갖춘 주체가 아니라, 늘 주체가 되는 과정에 있는 주체, 푸코의 통치론이 고찰하는 것은 이러한 주체이다.

제2장에서 말하겠지만 푸코는 이러한 견해를 "통치"에 관한 논의에서 밝히고 있다. 이 과정은 권력론 안에서 두 가지로 구별된다. 하나는 "신민화", 다른 하나는 "주체화"이다. 주체화에 관해서는 제2장에서 다루기로 하고, 여기에서는 먼저 신민화를 간단히 살펴보자.

"신민화"란 권력관계 속에서 인간이 종속적인 주체가 되어가는 과정을 가리킨다. 푸코는 『감시와 처벌』에서 "판옵티콘"(일망감시체계)이라는 건축 개념을 가리켜, 산업 사회에서 인간 집단을 감시하고, 그 대상이 되는 개인이 주체로서 종속적으로 생산되는 과정을 보여주는 모델이라고 논했다. 판옵티콘에는 건물 중앙에 독립된 감시탑이 있고, 감시탑과 마주보는 면에 유리를 끼워 속이 훤히 들여다보이는 독방이 둥그렇게 배치되어 있다.

이 구조는 18세기 말에 영국의 철학자 제러미 벤담 Jeremy Bentham이, 러시아 해군으로 복무하던 남동생 새 뮤얼이 노동자를 관리하려고 고안한 아이디어에서 영 감을 받아 구상한 것이라고 한다. 벤담은 이 모델을 구 빈원에서부터 학교와 작업장까지, 집단 감시가 필요한 수용시설에 적용할 수 있다고 설득했다. 실제로 판옵 티콘은 그후 형무소 설계에 지대한 영향을 끼쳤다.

그 구조는 이렇다. 감시탑에는 종일 등이 켜져 있지 만 독방에 있는 죄수는 그곳에 간수가 있는지 없는지 알지 못한다. 한편 감시자는 죄수에게 특정한 과제를 내려주고는 감시탑과 등을 지는 등 명령을 위반한 것이 확인되면 징벌을 줄 수 있다. 물론 감시자가 없을 때도 있는데, 이때는 규칙 위반을 해도 벌을 **받지 않는다**. 하 지만 적발되었을 경우를 생각하면 늘 규칙을 지키지 **않 을 수가 없다**. 따라서 죄수는 자진해서 규칙을 지키게 된다.

판옵티콘에서는 시선과 관련하여 간수와 죄수의 관

계가 일방적이다. 감시받는 측은 처벌을 두려워하며 자신의 눈에는 보이지도 않는 감시자의 시선을 내면화하고 규칙을 준수하려는 자세를 훈련하게 된다. 감시하는 측에서 보면 최소한의 정치적 위험과 경제적 비용으로 감시하는 측의 내면에 새로운 무의식을 심어서 규칙에 적극적으로 순응하고 순종적으로 행동하는 주체를 완성시키는 것이다.

시선을 지우는 이 구조는 사람들 간의 관계를 단절하고 고립시키며 집단 행동을 가로막고, 한 명 한 명을 개별적, 효율적으로 관리하고 통제한다. 게다가 이 신민화 작용은 일회성으로 끝나지 않는다. 죄수가 감옥에 갇혀 있는 사이에 저절로 길들여지듯이, 그 작용이 일상적으로 되풀이된다. 그리고 개인의 삶에 지대한 영향을 미친다.

물론 판옵티콘이라는 건축 모형 자체가 근대 사회와 잘 맞지는 않는다. 하지만 이 모델이 상징하는 "감시와 처벌"—『감시와 처벌』의 제목처럼—과 관련된, 보는 측과 보이는 측의 시선에 관한 비대칭적 관계는 수많은 사람들을 한곳에 모아놓고 특정한 사안에 최적화된 훈련을 시킨다는 근대 사회의 특징으로, 다양한 곳에서 발견될 수 있다. 이를테면 푸코는 대표적인 예로 막사, 작업장, 학교를 꼽았다.

오늘날을 사는 사람들의 사정은 더욱 복잡할지도 모른다. 유치원이나 어린이집, 초등학교에서 중학교, 고등학교, 대학교, 회사와 사업장, 병원, 요양 병원, 다시 말해 "요람에서 무덤까지", 우리는 사회생활의 상당 부분을 시설에서 보낸다. 감옥과 수감에 관한 푸코의 논의는 우리가 당연하게 여겨왔던 생활양식이 역사적 산물임을 새삼 일깨워줄 것이다.

푸코는 이러한 권력을, 권력에 일종의 절대성이 있다고 보는 주권형 권력 모형과 대비하여 보았다. 주권형 권력 모형에서는 권력이 법에 근거하여 명령을 내리고 그것을 위반하면 벌을 내린다. 또 세속국가에서는 "주권"을 국왕과 국민 같은 "주권자"가 소유하고 행사한다고 이해한다. 하지만 판옵티콘 모델에는 그러한 권력의 중심이 없다. 시선과 관련된 관계성 속에서 실제로 권력은 작동하지만 소유자가 없다. 누가 "간수"를 하든 상관없고 아무것도 하지 않아도 되며 심지어 자리를 비워도 괜찮다(누구나 여기에 있으면 같은 권력을 행사할 수 있다는 점에서 이 시스템이야말로 **민주적**이라고 할 수도 있을 것이다). 하지만 "죄인"은 자진하여 길들여진다. 종속적 주체는 누가 억지로 시켜서가 아니라 자발적 의지로 끊임없이 자신을 순응시키는 것이다.

## 권력의 유형과 주체의 생산
### | 주권 vs. 생명권력 = 규율 + 생명정치

푸코가 권력 개념을 논하며 봉인장과 판옵티콘을 꺼내든 이유는 이렇게 함으로써 "주권"과는 다른 권력을 묘사하고자 함이었다. 주권이 기능하는 이유는 결국 국가의 이름으로 신민 혹은 시민으로서의 개인에게 생명을 포함한 온갖 것을 빼앗기 위함이다. 이는 전제국가나 민주주의 국가나 마찬가지이다. 물론 왕이 사형을 내리는가, 재판소가 법률에 따라서 사형이나 종신형을 선고하는가의 차이는 있지만, 주권자가 개인의 생사여탈권을 쥐고 있다는 사실에는 변함이 없다. 주권은 사람을 죽이는 물리적 폭력에 의해서 담보된 권력이다.

그러나 17세기 이후, 주권국가 체제가 확립된 유럽에서는 국력이 커지며 증가하는 도시의 인구 관리가 과제가 되었다. 사람들은 자연히 어떻게 사느냐에 큰 관심을 기울이게 되었고, 이에 따라서 권력의 다양한 개입이 시작되었다. 푸코는 인간의 "삶"을 **개인이자 집단으로** 통제, 관리하기 위해서 활용되는 지식과 기술의 복합체("권력, 지식"이라고 한다)를 "생명권력Biopower"이라고 불렀다.

이 생명권력은 두 가지 권력 기술을 바탕으로 돌아간다. 하나는 "규율"이고 다른 하나는 "생명정치"(혹은 "조정")이다. 규율은 "인간의 몸을 해부하는 정치"이고, 생명정치는 "종으로서 인간에게 다가가는 생명정치"라고 했다. 무슨 말일까?

"규율"은 개인에게 직접 작용하는 권력 기술이다. 근

대 사회는 인간에게 모종의 시간과 공간 안에서 일정 기간 동안 특수한 동작을 반복시켜서 그 동작을 최적화하도록 요구한다. 공장 같은 생산 현상이든, 학교든, 군대든, 모두 마찬가지이다. 우리는 신체 훈련을 통해서 그 자리에서 역할을 해내기에 적합한 존재로 생산된다. 가령 노동자, 학생, 병사라는 역할을 해내는 주체가 "된다".

인간은 어딘가 갇혀 집단에 속해 자본주의 사회를 짊어질 주체로서 매일 재생산된다. 그곳에서의 부자연스러운 동작의 루틴화는 오늘날 온갖 노동 현장에서 심신 이상을 일으킨다. 일반적으로 말하면 개인의 몸을 기계로 간주하고 그 힘을 최대화하여 최고의 효과를 얻으려는 것이 규율이다.

반면 "생명정치"는 인간 집단에 간접적으로 영향을 미친다. 다만 여기에서 말하는 인간 집단이란 의지와 권리의 주체인 "인간" 집단을 가리키는 것이 아니다. 생명체로서의 "인간" 모임, 혹은 개체군으로서의 인구, 다시 말해서 주민을 가리킨다. 생명정치의 목적은 집단의

건전성을 상승시키는 데에 있다. 그리고 그러기 위해서 19세기에 본격화된 통계학과 의학, 생물학, 공중위생학의 견지와 기술을 구사하여 다양한 시책에 따라 주민의 "환경"에 개입한다. 가령 출생률의 상승, 평균 수명의 증가, 전염병과 감염증 예방 관리, 또 산업재해 보험의 창설, 저축제도의 정비, 주거 환경의 개선이 바로 그것이다.

이러한 개입은 인간이라는 생물 집단에 일정 비율로 생기는 예측할 수 없는 사태에 대한 대처 방안으로 준비하는 동시에 주민에게 "더 나은" 삶을 제공한다는 의미에서 생명정치적이다. 단, 그 "낫다"는 기준은 인구를 관리하는 측이 바람직할 것 같다는 생각에서 일방적으로 정한 것이다. 따라서 그 기준을 벗어나면 당장에 살기가 힘들어진다.

그리고 규율과 생명정치의 조합인 생명권력은 "보통"의 상태를 확보하기 위해서 개인과 집단에 개입한다. 규율은 개인의 신체를 "평소"의 행동을 기준으로 "건전한" 몸으로 다시 만들려고 한다. 반면, 생명정치는 통계적으로 얻은 표준치에 따라서 집단 전체의 우연성을 관리하고 상대적으로 "건전한" 집단을 만들고자 한다.

푸코가 섹슈얼리티에 대한 생명권력적 관리를 끊임없이 문제 삼았던 이유는 인간의 삶과 생식에 관한 에너지를 어떻게 관리하면 최대한으로 활용할 수 있느냐는 근대 자본주의 국가의 관심사가 단적으로 드러나기 때문이다. 가령, 핵가족화된 근대 가족은 노동자의 일상 무대이자 세대 간의 재생산 무대이며, 부부나 자녀의 성적 활동을 관리하는 시간적, 공간적 역할을 주로 담당하고 있다.

한편 푸코는 주권과 생명권력은 서로 배제하지 않으며 근대 사회에서는 다층적으로 작동한다고 지적한다. 그것은 2020년 이후 신종 코로나바이러스 감염증의 유행에 맞서 세계 각지에서 세운 대책이 셧다운이나 국경 봉쇄 같은 감염에 대한 "무관용 원칙"을 지향하는 주권적 수법에서, 감염의 확산은 "어느 정도 용인되어야 한다"라는 역학적인 인식을 토대로 백신 접종과 단계적 행동 규제를 조합한 생명권력적 수법으로 바뀐 것에서도 알아챌 수 있을 것이다.

논의를 정리해보자. 권력의 주요한 작용은 어떤 행동을 금지하고 억압하기보다 개인과 집단에 작용하여 일정한 행동을 시키거나 유도하는 데에 있다. 이때 주체는 위에서부터 억압받아 형성된다기보다는 행위를 하도록 유도되어 아래로부터 종속적으로 형성된다. 역사적으로 말하면 법에 의한 통치가 실현된 근대 주권국가 체제는 법 중심의 주권 권력보다 인간의 생로병사를 관리하는 데에 관심을 가지고 개인을 규율적으로, 집단을 생명정치적으로 관리 통제하는 생명권력이 큰 역할을 담당한다. 주권은 그 안에서 다시 통치 문제로 편입되는 것이다.

푸코는 이러한 권력론을 구상한 상태에서 기독교가 담당했던 역할에 주목하고, 거기에서 권력론을 타자 통치론으로 일반화한 뒤에 자신의 통치론과 주체론으로 나아갔다. 이 과정을 다음 장에서 살펴보고자 한다.

제2장

# 영혼을 어떻게 인도할 것인가

### 규율적 인도에서 자기와 타자의 통치로

제1장에서 보았듯이, 푸코는 인간의 활동을 유도하고 그 행동을 관리 통제하는 것이 서양 근대 권력의 특징이자 주요 작용이라고 보았다. 그 역할을 맡은 "생명권력"은 다양한 지식과 기술을 활용하여 개인으로서의 **인간**과 집단으로서의 **인간**에게 작용한다. 이렇게 인간에게 **개별적**, 혹은 **전체적**으로 작용하는 권력을 푸코는 "사목권력pastoral power"이라고 불렀다.

그러나 유럽에서는 종교개혁과 30년 전쟁을 거치며 사회를 통치하는 권력의 중심이 차츰 "세속화"되어갔다. 왕권이 교권보다 우월해지고 교회 재산이 매각되고 전환되는 사이에 국력을 증강하기 위해서 최첨단 학문과 지식이 정책으로 적극 추진되었고 현장에 투입되었다. 에밀 뒤르켐Émile Durkheim과 막스 베버Max Weber 같은 고전 사회학자는 이성과 계몽의 힘을 배경으로 한 이러한 근대를 "탈종교의 시대"라고 묘사했다. 그러한 가운데 근대 권력의 특징을 기독교 용어인 "사목"이라는 말로 묘사한 푸코의 방식은 남다른 데가 있다. 이 장에서는 푸코가 기독교를 중심축으로 삼아 주체 개념을 어떻게 발전시켰는지 살펴보려고 한다.

## 규율의 시작으로서의 기독교

제1장에서 다룬 판옵티콘, 그리고 규율권력에 의한 종속적 주체의 생산에 관해서, 푸코는 1973-1974년 콜레주 드 프랑스 강의를 토대로 한 『정신의학의 권력*Le Pouvoir Psychiatrique*』(2003)과 『감시와 처벌』 제3부에서 중세 기독교의 개혁 운동을 거슬러 올라가면 그 원형을

찾아볼 수 있다고 말했다. 기독교에서는 중세부터 근대에 이르기까지 내부에서 여러 번 쇄신의 움직임이 있었다. 수도회는 그러한 운동의 한 축이었다.

푸코는 10세기 초에 세워진 클뤼니 수도회와 이들을 비판하고 초기 수도원으로의 복귀를 꿈꾸며 11세기 말에 창설된 시토회, 그리고 그후에 등장한 신앙 혁신 운동에 주목했다. 이러한 개혁의 움직임 속에서 이들은 계율에 따른 금욕주의적 수행을 중시했다. 수도사들은 엄격한 계층제 구조를 가진 수도원 안에서 윗사람들의 끊임없는 감시와 감독을 받았다. 일정한 규칙에 따라서 행동해야 했고, 거기에 따르지 않으면 단계적 제재를 받았다.

이러한 개혁의 움직임은 기독교 내부의 변화에 그치지 않았다. 푸코는 자신의 논의에 기독교 역사를 끌어오면서, 종속적 주체의 탄생으로 수도원과 교회의 벽이 허물어지면서 규율장치의 정비가 서양 근대 사회 전체로 확산되었다고 논한다. 그리고 1970년대 말부터는 초기 기독교부터 중세 초기의 기독교에 이르기까지 신도

들, 그중에서도 수도원 제도 안에서 사는 수도사의 삶이 기법의 하나로 연구의 대상이 되면서 그 논의가 교리상의 문제와 함께 개진되기에 이른다.

특히나 개인의 몸을 규율화하는 기술의 한 축인 "훈련"에 대해서, 푸코는 그 배경에 "종교가 있을 것"이라고 짐작하고 신앙 혁신 운동의 중심 인물 중 한 명인 헤르트 흐로테Gerard Groote가 14세기 후반에 네덜란드에 설립한 공동생활 형제회의 이름을 거론한다. 그리고 『성서』에 기초하여 경건함을 강조한 이 교단이 수도사가 아니라 평신도인 청년들을 대상으로 시간표와 연령별 학급 편제, 군대 모델 같은 일련의 신체 통제 기술을 완성했다는 점에 주목했다.

세속을 떠나 수양하는 사람을 위해서 이 교단의 수도원에서 개발된 일련의 기법은, 교육 과정에 따라 젊은이들에게 지식과 바른 행동거지를 단계적으로 습득시키고 그 성과를 서로 경쟁하도록 한 현대의 학교와 별반 다르지 않은 세속적 방식으로 유용되었다. 게다가 이 세속적 훈련은 구원을 바라는 수련과 마찬가지로 끝도 없이 계속된다. 수도원에서의 영적 수업은 학교에서의 단련, 군대에서의 훈련, 공장에서의 기능 훈련으로 "세속화"된다. 푸코는 그의 사후에 출간된 『안전, 영토, 인구*Sécurité, Territoire, Population*』(2004)의 초고에 이렇게 썼다.

정체성, 신민화, 내면성. 기독교 사목이 1,000년에 걸쳐 이룩한 서양인의 개인화는 주관성을 희생하고 달성되었다. 이 과정은 주체화에 의해 이루어졌다. 개인이 되려면 주체가 되어야 한다.

이런 관점에 보면 벤담의 판옵티콘은 기독교가 십수 세기에 걸쳐 발달시켜온 기법 역사의 한 토막처럼 보인다. 실제로 수도원이라는 사회 "주변부"에서 시작된 규율 체계는 종교적 연결을 통해서 젊은이들만이 아니라 식민지로 간 예수회의 선주민 관리, 『광기의 역사』에서 묘사된, "비생산적"으로 보이는 사람들의 관리로 확산된다. 그리고 나아가 징병된 병사와 근대적 육체노동에 종사하는 노동자 계급의 관리라는 근대 사회의 "중심"
으로 발전해갔던 것이다.

## 구도자 인도에서
## 타자 인도로

이 공동생활 형제회는 개인의 행동과 시간 활용법을 특
정 목표에 맞게 최적화하는 규율을 가장 처음 시행한
곳이다. 푸코는 여기에 더하여 주목해야 할 역할이 하
나 더 있다고 말한다. 각자 금욕적 수양에 힘쓸 때, 그
들을 "인도하는" 역할을 맡은 사람들이 있다는 점이다
(이 "인도direction"라는 말은 지도와 감독으로 번역되기도 하
며, 그렇게 번역되어야 하는 측면도 있다. 그러나 이 책에서
는 가능한 한 "인도"라고 표기한다). 다만 푸코는 그 관계
가 위에서 아래로의 일방통행 관계가 아니라 한 사람
한 사람을 배려하는 관계이며, 그것이 젊은 사람들의
종교적, 다시 말해서 영적 의미를 높이는 데에 중요하

다고 생각했다.

그러나 영혼의 영적 구원을 위한 수행은 근대에 접어들며 인간 정신의 세속적 권리로 보기 좋게 미끄러져 내려왔다고 푸코는 말한다. 그는 18-19세기 프랑스의 정신의학 발전 과정을 분석한 『정신의학의 권력』에서, 이러한 영적 수행에서 유래한 "인도"가 이 책의 주제와 관련이 있다고 보았다. "정신의학의 권력 작용을 설명할 때, 가장 잘 어울리는 말은……**인도**이다"라고 말한 것이다. 마침 그 무렵, 계몽주의의 영향을 받아 "병자"에 대한 비인간적 처우를 재검토하려는 움직임과 병행하여, 그 몸과 마음을 지속적으로 인도하려는 움직임도 강해졌다.

19세기가 되면, 이 말은 종교 수행과 관련된 일련의 의미를 띠게 된다. **영혼의 인도**〔양심의 지도, 감독〕는 19세기가 되기 전 3-4세기 동안 기술과 대상의 전체적 영역을 결정했다.

푸코는 당시의 정신의학이 "광기"를 치료하는 의학의 한 분야로 발전한 것이 아니라 행동과 정신에 대해서, 그 이상과 장애, 일탈을 규정하고 판단하는 사회관리 장치로서 확립되었다고 논했다. 여기에서도 관리의 기술은 병원이라는 벽을 넘어 사회에 적용된다. 그러한 과정에서 정신과 의사라는 존재는 병원과 직원을 통솔하여 "광기"와 대결하고 투쟁하고 지배한다. 나아가 환자에게서 눈을 떼지 않고 그들의 "현실"을 자신의 "진리"로 뒤바꾸고 바르게 인도한다. 이때 볼 수 있는 "끊임없이 인도한다"는 정신의학의 개념은 기독교 어휘에서 온 것이다.

여기에서 "사목신학"이 중세 종교 공동체의 청년 관리 및 근대 정신의학의 "병자" 통제와 연결된다는 것이 푸코의 판단이다. 푸코는 1977–1978년도 강의를 토대로 한 『안전, 영토, 인구』의 전반에서 사목과 통치 개념의 관련성을 고찰한다.

사목신학은 16세기 반反종교개혁과 트리엔트 공회의에 로마 가톨릭 교회와 신학자의 주도로 정비된 실천신학의 한 분야이며, 그 역할의 하나는 고해성사와 함께 "영혼의 인도"를 하는 것이다. 이때 "양심의 인도자"인 성직자는 신자를 구원하기 위해서 고해성사와 양심 구명을 하여 개개인의 내면을 면밀히 파악해야 한다. 영혼을 인도하기 위한 사목실천―"영혼의 통치술"―을 모델로 한 인간 관리(혹은 실천 그 자체)를 푸코는 "사목권력"이라고 호명했다.

## 사목권력과 타자의 통치

왜 기독교와 사목권력인가. 그것은 사목이라는 관계가 기독교의 최상위에서부터 말단까지 관통하기 때문이다. 기독교에서는 예수부터 사도, 교황, 사제, 말단인 성직자에 이르기까지 목자로서 맡은 역할이 있다. "양치기"에 비유되는 성직자는 자신을 구원하는 조건으로 하느님이 자신에게 맡긴 제자와 신도인 "양"을 끊임없이 보살피고 그 안전을 확보하는 어려운 임무를 맡는다. 사목자는 **집단 전체**의 안전을 확보하면서 **각각**의 상태를 개별적으로 파악하고 이들을 빠짐없이 구원의 길로 바르게 인도해야 한다. 그것은 무엇보다 타자를 구원하는 것이 자기를 구원하는 조건이기 때문이다.

푸코는 6세기 말의 로마 교황 그레고리우스 1세 Gregorius I의 사목신학의 편람 『사목규칙Regula Pastoralis』 (591)을 언급하면서, 이 책에서는 "기법 중의 기법"인 "영혼을 지도하는 기술"을 제대로 인식하고 적용하는 것이 사목자, 다시 말해 성직자의 중심 임무이며, 통치는 "영혼을 인도하는" 것이라고 지적한다. 단순히 행동만이 아니라 마음의 움직임을 포함하여, 인간 전체를 통치하고 인도해야 할 대상으로 정했다는 것이다.

사목자는 모두에게 올바른 교리를 설파하는 것만으로는 부족하다. 개개인의 마음속 비밀을 알고 개별적으로 교리를 설파해야 한다. 인도받는 사람이 상대에게 모든 것을 맡긴다면, 인도하는 사람은 고해를 통해서 상대의 감춰진 "진실"을 파악하고 영혼을 보살핀다. 사목은 인간의 일생을 처음부터 끝까지 두루 살피는 생활

전반에 관한 기술이며, 또한 이론을 토대로 실천해나가는 기술이다.

한편 푸코는 1979–1980년도 콜레주 드 프랑스에서 "현 정부에 관하여"라는 강의를 한 이후, 이 기법 중의 기법이라는 표현이 원래 고대 철학에서 유래했다고 다시 한번 지적한다. 그리고 4세기 말 그리스 교부 나지안조스의 그레고리우스Gregorius Nazianzenus를 참조하여, 이 기법이 기독교 초기 수도제에서 수도사의 삶을 "철학적 삶"으로 조직할 때 쓰였다고 덧붙인다. 그리고 동방, 즉 오리엔트의 수도제를 서방에 소개하여 공동생활제 수도원의 기초를 다진 수도자 요하네스 카시아누스Johannes Cassianus의 저작을 자세히 논한다. 푸코에게 수도제는 서양의 주체성을 낳는 주축이자 면밀히 고찰해야 할 대상이었던 것이다.

한편 푸코는 이러한 기독교 사목이 로마 제국의 지배원리와는 다른 권력의 새로운 형태이며, 개인화라는 독특한 형식인 "사목권력"을 신학이라는 학문과 교회의 권위 및 권력을 배경으로 등장시켰다고 말한다.

기독교 교회는 사목권력에 관한 모든 테마를 명확한 기구와 제도로 응고시킨 것이자 선별적이며 자립적인 사목권력을 실현한 것으로, 그 장치를 로마 제국 안에 설치함으로써 제국의 중심부에 다른 모든 문명이 미처 알지 못하는 미지의 권력을 조직했다.

서양 정치 사상의 원류로 꼽히는 플라톤은 정치를 직물을 짜듯 정치 공동체를 긴밀하게 조직하는 행위로 여겼지만, 거기에 사목적 발상은 없었다. 또한 "통치"는 도시국가라는 공동체의 키를 잡고 바람직한 방향으로 인도하는 것이지, 사람들을 통솔하고 인도하는 것이 아니라고 생각했다. 푸코에 따르면 목자와 정치적 권력을 연결시키는 발상은 고대 오리엔트에서 시작되었지만, 고대 그리스, 로마에서는 아주 제한된 형태로만 존재하다가 기독교에서 로마 제국에 들여온 것이다.

이렇게 해서 사람들의 영혼을 어떻게 끊임없이 인도할 것인가라는 의미인 "인간 통치"가 사목의 주제로 정치에 도입된다. 푸코는 서양 정치권력의 원류로 고대 그리스, 로마가 아니라 기독교의 사목관계를 발견하고 그 사목권력이 서양 근대의 특징인 "전체적이고 개별적으로" 타자를 통치하는 세속적 권력 형태의 양식이 된다고 보았다. 서양 주체성의 역사는 사목의 역사에서 시작되는 것이다.

좀더 말하자면 푸코는 20세기 후반 선진국에서 정비되던 복지국가 체제를 요람에서 무덤까지 사람들의 삶을 관리하는 사목권력의 현대적 진화의 하나라며 비판적으로 바라보았다. 이러한 태도는 훗날 푸코의 신자유주의론을 어떻게 해석하느냐 하는 논쟁의 불씨가 되었다.

## 타자의 인도에서
## 자기와 타자의 통치로

기독교는 서양의 정치 공간에 "인간 통치"라는 이질적인 문화를 가지고 들어왔다. 이 종교적으로 정비된 "인도" 기술은 머지않아 수도원과 교회를 넘어서 사람들의 행동을 관리 통제하고 조직화하는 수단으로서 사회 전체에 침투했다. 그것은 사람들을 전체적 혹은 개별적으로 태어날 때부터 죽을 때까지 지속해서 인도한다는 특징이 있다. 이것이 푸코가 이야기한 사목 권력론의 큰 틀이었다.

『안전, 영토, 인구』에서 푸코는 서양 근대의 자유주의론과 사목 권력론의 관계, 다시 말해 세속화된 사목권력으로 국가 차원에서 이루어진 "인간 통치"가 어떻게 발전되어왔는지를 파헤치고자 했다. 그리고 이를 통치의 본질이라는 의미에서 "통치성"이라고 표현하고 문제로 삼았다. 이에 따라 그는 절대왕정 시기의 국가 이성론을 시작으로 중상주의와 중농주의, 그리고 18세기 말 고전적 자유주의에서 20세기 신자유주의까지, 국가론의 역사를 이야기했다. 이에 관해서는 제3장에서 다루기로 하고, 여기에서는 통치와 인도라는 문제 자체가, 여기에서 말하는 서양 근대 국가의 통치성, 다시 말해서 한 영역 안에 있는 사람들을 통치하는 기술의 진화에 관한 문제보다 오래되었다는 점에 주목해보자.

통치성을 둘러싼 논의는 푸코만의 서양 근대 국가론으로 파악할 수 있다. 다만 그 논의는 일반적인 국가론의 틀에서 그치지 않았다. 거기에는 "자기 통치"라는 문제가 있기 때문이다. 푸코의 권력론은 **권력−지식**이라는 공식으로 유명하다. 이에 따르면 권력의 행사는 관리 통제하는 대상에 대한 인식과 데이터를 만들고, 거기에서 도출된 진리, 진실과 기술로 그 행동을 통제하려고 한다. 권력 행사가 진리에 의거하여 타자를 인도하는 것이라는 이 도식은 그대로 "타자 통치"에 관한 논의로 향하게 된다.

그리고 이 "진리에 기초한 통치"에 관한 질문은 권력을 행사하는 "자기"에게로 향하게 된다. 어떤 사회든 어떤 시대든 간에 권력 행사의 정통성은 경제력과 군사력에서만 나오는 것이 아니다. 그보다는 지배자가 진리를 통해서 어떻게 처신하고 자기를 인도하느냐는 문제와 관계가 깊다. 이 점에 주목한 푸코는 타자 통치에 관한 논의를 통해서 자기 통치라는 정치적이면서 윤리적인 문제를 끌어낸 것이다.

타자 통치, 다시 말해서 타자 인도에 관한 푸코의 고찰은 정치권력을 휘두르는 자가 어떻게 자기를 통치하느냐는 질문으로 확장된다. 타자 혹은 공동체를 통치하고 인도하려는 자는 대체 어떤 권리와 의무, 능력을 갖추고 있을까? 사람들의 위에 서려면 그 나름의 인물이어야 한다. 그렇다면 그런 지위는 자기와 어떤 관계를 맺음으로써 확보되는 것일까?

이러한 질문은 사목권력의 등장 이전부터 존재해왔다. 가령 플라톤의 "대화" 편에 등장하는 소크라테스는 정치 공동체인 폴리스를 이끌고 통치하기 위해서는 타고난 자질만으로는 불충분하다고 거듭 설명했다. 푸코는 거의 언급하지 않았지만, 아리스토텔레스의 『정치학 Politica』 첫머리에는 폴리스라는 국가 공동체를 통치하는 자유인 남성은 먼저 자기 자신과 가족을 잘 다스려야 한다고 쓰여 있다. 자기가 아닌 다른 존재를 통치하는 것과 자기 자신을 통치하는 것에는 밀접한 관련이 있으며, 이는 현재의 자기 자신에게 작용하여 변화를 요구하고 촉구한다. 권력론에서 파생된 통치론에서는 타자에게 권력을 행사한다는 의미에서 타자 통치를 고찰하는데, 그 과정에서 자기 통치에 관한 질문이 부상한다.

"자기 기술Technology of Self"이라는 개념은 이러한 자기 통치와 관련된 형태로 제시된다. 푸코에 따르면, 자기 기술은 기독교의 제도가 확립된 이후와는 그 형태가 다르다. 그는 이것을 자기와 타자의 관계, 자기와 자기의 관계에 대한 질문과 실천의 근간에 있는 윤리와 가르침을 가리키는 가장 일반적인 호칭으로 제시하는데, 그런 의미에서 자기 기술은 추상적 이론이 아니라, 말하자면 비법이나 매뉴얼 혹은 기법론으로 보아도 좋을 것이다. 일정 수의 그리스와 로마 사람들도 자기를 더 나은 곳으로 인도해줄 "자기 계발"과 그것을 위한 실용적 지식이 필요했던 것이다.

개인이 직접 수단을 강구하여 자신의 신체와 정신, 사고, 행동에 대해서 일정한 조작을 가능하게 하는 기술.……이러한 종류의 기술을 자기 기법 혹은 자기 기술이라고 부르기로 하자.

자기가 자기에게 속해 있는 것을 스스로 통제하고 자신을 변화시켜서 더 높은 단계로 끌어올리는 것, 푸코는 이러한 자기 기술이 모든 사회에서 발견된다고 1980년에 미국에서 열었던 강연 "주체성과 진리"에서 말했다. 자기 기술에 대한 그의 관심은 "성의 역사" 제1권 『지식의 의지』에서 다룬, 기독교와는 다른 "에로스 기법"이라는 고대 그리스의 성애 기술에 관한 논의로부터 제2권 『쾌락의 활용 _L'usage des Plaisirs_』과 제3권 『자기 배려 _Le Souci de Soi_』(둘 다 1984년)에서 거론한 헬레니즘 시기의 성 윤리의 형성과 변용을 거쳐 제4권 『육체의 고백』(2018)에서 기독교 초기, 섹슈얼리티 중심의 고유한 자기 기술의 형성 과정을 고찰하는 것으로 쭉 이어진다.

푸코가 1970년대 후반까지 논했던 주권, 규율, 생명권력과 안전 같은 권력 유형에 입각한 통치의 실행, 혹은 국가의 권력기술론으로서의 통치성에 관한 질문은 주체의 생산과 관리 통제라는, 말하자면 타자에 대한 지배 기술과 관련된 것이었다. 하지만 이러한 타자 통치에 대한 고찰은 그 주체도 자기와 타자의 통치를 받는 객체라는 사실을 보여준다. 인간은 자기 기술을 통해서 자기 자신을 인도하는 동시에 지배 기술을 통해서 타자의 인도를 받아왔기 때문이다. 자기 기술을 근간으로 하는 자기 인도와 지배 기술을 근간으로 하는 타자의 인도를 아울러서 "통치"라고 한다. 이러한 관점에서 통치를 보면, 주체에 관한 질문은 새로운 전개를 맞게 된다.

## 자기 배려와 자기 통치

자기는 진리와의 관계에서 주체가 된다. 푸코는 권력론에서 보여준 이 도식을 진리를 통한 자기 인도, "자기 통치"에도 적용했다. 그리고 규율권력론에서도 언급했던 기독교의 고해성사를 매개로 한 진리와 자기 사이의 관계 외에 진리와 자기의 관계가 하나 더 있으며, 그것에 자기 통치의 중요한 특징이 있다고 기술했다.

자기 통치는 "자기 인식"과 "자기 배려"라는 진리와 주체에 관련된 두 가지 관계로 성립된다. 전자는 자신에 대해서 진정한 인식을 얻는 것, 후자는 자신을 더 높은 단계로 인도하는 것을 가리킨다. 이때 푸코는 자기 배려라는 관념의 변천에 특히 주목함으로써 권력론에서 "자기와 타자의 통치"라는 통치론으로 논의를 확장한다. 그리고 1980년대에 접어들면 이 논의를 고대 그리스, 로마의 철학 속 여러 분파의 가르침으로 소급하면서 자기 인식이 자기 배려보다 우세했던 둘의 관계가 기독교의 침투로 뒤집혔으며, 근대 합리주의가 대두되면서 완전히 갈라졌다고 논한다.

자기 배려와 자기 인식의 관계에 관해서는 플라톤부터 스토아 학파까지를 다룬 1981–1982년도 콜레주 드 프랑스 강의 "주체의 해석학"에서 명확히 논의한다. 소크라테스의 자기 인식이라고 하면 "너 자신을 알라"가 연상되는데, 오늘날 사람들은 이 명제를 자신의 진정한 모습을 알라는 자기 인식의 틀로 파악한다. 하지만 고대 사람들은 그러지 않았다. 그들은 그것을 신전에 가서 신의 계시를 받을 때 인간으로서 선을 넘지 말라는 경구로 이해했다.

한편, 소크라테스에게는 이 명제가 자기 배려와 단단히 묶여서 그 전제가 된다. 다만 그 양상은 현대의 시선과는 전혀 다르다. 그에게 자기 인식이란 자신의 본질과 숨겨진 내면에 대한 인식, 객관적 견지 등을 얻는 일이 아니다.

플라톤의 초기 대화편인『알키비아데스 I Alkibiades I』에서 미모의 청년 귀족이자 오만한 성격 때문에 자기 신세를 망친 것으로 유명한 알키비아데스에게 소크라테스는 이런 질문을 던졌다.

우리가 자신이 어떤 존재인지도 알지 못하면서 자신이 잘하는 기술이 뭔지 알 수 있을까?

자기를 배려하려고 할 때는 그 작용의 대상인 자기

를, 다시 말해서 자신의 영혼을 알고 있어야 한다. 자기 인식은 자기 배려를 하기 위한 전제 조건 혹은 수단으로 설정되는 것이다.

여기에서 말하는 자기 배려란 엘리트층 청년에게 요구되는 행위이며, 타자에 대한 권력 행사와 관계가 있다는 점에 주의해야 한다. 자기에게 잘한다는 것은 다시 말해서 정의에 입각하여 폴리스를 통치하는 데에 걸맞은 덕을 갖춘 주체가 된다는 말이다. 자기를 통치하는 탁월한 존재는 폴리스를 바르게 인도하고 타자를 통치하며, 이를 통해서 타자를 "구원하는" 동시에 자신의 영혼을 정화시키고 "구원한다".

푸코는 자기 배려에 대한 질문을 소크라테스와 플라톤이 가져왔다는 말도 했다. 이것을 인도와 통치라는 관점에서 이해하면 이렇게 말할 수 있다. 자기 배려와 자기를 배려하는 자로서의 주체가 처음 등장했을 때부터 자기 통치와 타자 통치는 둘 중의 하나로서 "통치"라는 질문, 즉 **타자를 인도하기 위해서 자기를 어떻게 인도해야 하느냐는 질문**을 구성한다.

## 주관적 진리에 의한
## 자기의 구성

이러한 플라톤적 자기 배려는 기원전 4세기 후반에 시작되는 헬레니즘 시기에 큰 변화를 맞는다. 폴리스 시대가 끝나고 로마 시대로 이동하는 사이에 높은 신분이 권력과 지위를 보장하지 않게 된 것이다. 이 과정에서 자기 배려는 자신의 삶을 어떻게 좋은 삶으로 만드느냐는 일반적으로 널리 알려진 자기 수양이라는 **윤리적** 질문으로 바뀐다.

그 자기 수양의 키워드가 바로 "진리"이다. 단 그것은 **주관적이고 실용적인** 진리이며, 자신의 내면에 감춰진 진리가 아닌 자기를 높이는 진리이다. 그것을 몸소 체험함으로써 극적으로 **주체를 변화시키는** "진리", 일정한 절차를 거치면 누구나 파악할 수 있는 객관적이고 과학적인 지식이 아니라 끊임없는 **실천으로 터득하는** "진리"이다. 그 진리를 통해서 자신은 자기를 다스리고 행복한 완결된 상태로 인도할 수 있는 것이다.

인간은 진리를 **영적**으로, 다시 말해서 주체에 작용을 미치는 형태로 경험함으로써 **윤리적** 주체로서 자신을 구성한다. 세네카Seneca에 의하면 인간은 세계를 내려다보는 시점에 서야만 자신이 논리적 세계의 일부라는 것을 알게 된다. 주체는 두려움 등의 감정을 극복하고 자기를 앎으로써 자유를 얻는다. 여기서 앎과 윤리, 진리와 주체는 전부 불가분의 관계이다.

푸코는 이러한 진리와 주체의 관계를 근대적 관계와 대비하여 보여준다. 근대적 주체가 객관적 진리로서의 "법"에 따르는 종속적 주체화로 구성되었다면, 고대의 주체는 주관적 진리를 몸소 체험한 윤리적 주체화로 구성되었던 것이다.

근대인이 "인식 영역에서 주체의 객관화 가능성과 불가능성"이라는 의문을 제기할 때, 그리스, 헬레니즘, 로마의 고대인은 "주체의 영적 경험인 세계 지식의 구성"이라는 의문을 제기했던 것이다. 그리고 근대인이 "법질서상에서 주체의 종속"을 생각할 때, 그리스인과 로마인은 "진리의

실천을 통하는 것, 또한 진리의 실천에 기초하는 것 자체
가 궁극의 목적인 주체의 구성"을 생각한 것이다.

다만 진리의 실천으로 구성된 주체가 가진 자유로
움 혹은 진리란 헬레니즘 철학에 관해서 흔히 말하듯
이, 행복한 자기에 만족하는 것이 아니라고 푸코는 덧
붙인다. 진리에 근거한 자기의 윤리적 주체화는 유동적
인 사회 안에서 결국 자기 인도와 타자 인도가 엇갈리
는 가운데, 그에 걸맞게 행동하는 자기를 확립한다는
시대의 요청과 연결된다. 헬레니즘 시대의 자기 배려와
윤리는 그러한 사회 안에서 처신하는 방법, 생활양식을
확립하는 방법이었던 셈이다.

이러한 자기와 진리의 관계는 고대 철학을 수용하면
서 교리를 정비했던 기독교의 기본적 사고와는 또 다르
다. 『육체의 고백*Les Aveux de la Chair*』에서 푸코는 이렇게
말한다.

실은 고대 철학자들이 다듬어 완성한 양심의 지도 및 검

토의 실천은 수도제에 의해서 처음으로, 다시 말해서 수도
제 제도의 내부, 수도제를 출발점으로 하고 나서야 기독
교에 수용되었고, 거기에서 발전하여 새로운 형태와 새로
운 귀결을 얻은 것이다.

기독교 신자, 특히 수도사에게 자기로 돌아간다는
말은, 『성서』의 교리에 입각하여 자신의 내면을 분석하
고 악의 유혹에서 맞서 싸우는 것이며, 회개를 통해서
자기를 포기하고 "다시 태어나는" 것이다. 마찬가지로
"영적"인 자기와 관계가 있으며, 어휘와 표현에서 공통
점이 적지 않은데도 자기와 타자의 통치와 인도라는 문
맥에서는 오히려 그 차이가 강조되는 것이다.

이 장에서는 규율권력의 기원이 기독교에 있다는 푸코
의 논의를 사목권력이라는 키워드와 함께 소개했다. 그
리고 규율과의 관계에서 강조되는 "인도"가 말하자면
세속화됨으로써, 규율이 서양 근대 사회에서는 타자 통
치의 중요한 토대를 이룬다는 점을 보여주었다. 하지

만 이 통치와 인도의 시작에 관한 고찰은 자기 기술과 자기 통치라는, 기독교가 성립되기 전에 만들어진 틀로 푸코의 논의를 진행하게 되었다.

자기와 진리에 관해서 기독교는 물론이고 근대와도 다른 관계 양상을 보이는 진리에 근거한 서양 고대 철학의 주체화 행위는 이렇게 해서 등장했다. 여기에서도 자기 통치와 타자 통치를 반영한 다른 형태의 주체화 양상을 볼 수 있다고 푸코는 논했다.

다음 장에서는 배경이 되는 시대를 먼저 살펴보고 이 자기와 타자의 통치에 관해서, 푸코의 국가론이라고 할 수 있는 서양 근대의 통치성 논의를 통해 푸코의 자기 통치에 관한 논의와 통치성론의 관계를 살펴보자.

제3장

# 인간은 모두가 기업이다
**신자유주의라는 새로운 통치성**

푸코는 규율에 의한 종속적 주체화와 타자의 통치를 고찰하여 기독교와 관련된 "통치" 문제에 주목하고 뒤이어 주체 문제를 통치와 인도에 관한 자기와 타자의 관계성 문제로 거론했다.

타자 통치와의 관계 속에서 자기를 어떻게 만들어가는가? 제2장 후반에서 이야기한 자기 배려와 자기 주체화는 사회를 피해 자기에게 회귀하는 행위가 아니라 이러한 **사회적** 질문으로서 설계되었다. 이는 약 1980년대에 들어 개진된 논의였다.

이 장에서는 자기 통치의 "비서양적" 견해가 제시되

기 바로 전에 열린 콜레주 드 프랑스 강의 "안전, 영토, 인구"(1977-1978)와 "생명정치의 탄생"(1978-1979)의 내용을 중심으로 한다. 통칭 "통치성 강의"의 전반 동안 제2장에서 논했던 사목권력의 계보에 대한 논의를 끝낸 푸코는 종교개혁과 30년 전쟁을 거쳐 유럽에서 성립된 영역 국가에 관해, 국력의 증강을 목적으로 했던 권력 행사의 선별적 양상을 분석한다.

이때, 서양 국가의 통치성은 세 가지로 구분된다. 국가 이성과 중상주의(17-18세기 중반), 중농주의와 고전적 자유주의(18세기 중반 이후), 신자유주의(전간기 이후)이다. 고전적 자유주의라는 의미의 "자유주의"는 프랑수아 케네François Quesnay가 창시한 중농주의를 거쳐 애덤 스미스에 의해서 정식으로 정리된 18세기 후반 이후의 자유방임 경제사상을 가리킨다. 한편 신자유주의란 전간기 유럽에서 등장한 "반계획주의" 사상 운동을 모체로 하는 조류를 말한다. 특히 푸코는 서독 경제정책의 밑바탕이었던 질서 자유주의에 주목하는 동시에 미국 시카고 학파의 신자유주의 경제학을 다루었다.

이 장에서는 이 이론을 그대로 따라가는 대신, 세 가지 점만 짚어보려고 한다.

첫째, 국가란 자기에 의한 자기 통치라는 개념을 통치성 이론의 근간으로 둔다는 점, 둘째, 진리에 입각한 주체화라는 논점에서 말하자면 통치란 국가가 주도하는 자기 통치로서 인간 통치의 진리는 "시장"이라는 점, 셋째, 신자유주의형 통치성의 특징은 "기업"을 사회의 구성단위로 정하고 경쟁이라는 이념 아래 개인과 사회를 조직하려고 한다는 점이다.


## 1970년대 후반의 통치 이성의 전염을 이해하고자 했던 푸코

프랑스에서는 "68 혁명"부터 계속된 의회 밖 좌익 정치 운동이 거리로 나와서 시위하는 세력을 잃으면서 시대를 상징하듯이 제1장에서 다룬 "새로운 사회 운동"이 대두되었다. 한편 국내 경제의 차원에서는 "영광의 30

년"이라는 말로 형용되던 고도성장 시대가 1960년대 말에 정점에 달한 뒤 1973년의 제1차 석유 파동을 맞으면서 최종적으로 끝이 났다.

이런 가운데 퐁피두 정권에서 장관을 지낸 후 1974년에 대통령으로 취임한 발레리 지스카르 데스탱Giscard d'Estaing은 현대적인 자유주의 정책을 추진하여 유럽 경제를 통합하고 프랑스 경제를 고도화하고자 했다(이는 푸코가 질서 자유주의에 주목한 상황적 이유이기도 하다). 동시에 그는 중간층의 진보적 요구에 일정하게 양보하는 모습을 보여줌으로써 계급 사회로부터 탈피하려는 모습도 연출했다.

그것은 또 이중의 의미로 "안전" 요청에 부응하는 것, 다시 말해 사회보장(실업 대책과 사회보험제도의 충실)과 국내 치안(범죄와 테러 대책)을 확보하는 것이기도 했다. 포스트 "68 혁명"의 프랑스는 정치, 경제, 사회적 전환점을 맞이했다. 푸코는 이러한 정책을 "신자유주의"라고 칭하면서, "우리를 사정없이 뒤덮고 있다"고 생각했던 현대의 통치 실천을 분석하기 위해서 나섰던 것이다.

한편, 사목권력은 제1장에서 보았듯이 『지식의 의지』 마지막 장에서 주권과는 다르게 규율을 포괄한 근대 국가의 선별적 통치기술, 다시 말해 생명정치로 제시되었다. 국가론으로서의 통치성 이론에는 전사前史가 있었다. 그리고 통치성 강의에서 권력 모델에 관한 논의는 주권 대 규율 + 생명정치 = 생명권력을 대비(『지식의 의지』)하던 기존 방식에서 주권, 규율, 안전이라는 세 가지 분류로 논의의 강조점이 옮겨졌다.

전자에서 말하는 "생명정치"가 후자의 "안전"과 거의 겹치고, 주권형 권력장치와 그 이외의 차이보다 개인에게 작용하는 "규율"과 전체에 작용하는 "안전"이 더 대비된다. 그리고 사목권력은 인도와 통치 문제로 근대적 통치성의 근간에 자리한다. 이러한 움직임은 또한 푸코의 권력론에는 거시적 국가론이 결여되었다는 비판적 목소리에 대응하는 측면도 있었다.

미시적 권력의 분석, 혹은 통치성 과정의 분석은 정의상 일정한 규모를 가진 특정한 영역에 국한되는 것이 아니라 규모와 상관없이 모든 규모에 효과가 미칠 수 있는 하나의 시점, 하나의 해독 방법으로 간주되어야 한다.

『감시와 처벌』과 『지식의 의지』에서, 국가라는 거시적 차원에서 권력을 분석하는 것을 비판하고 미시적 권력론의 중요성을 강조했던 인물이 두 권의 책을 막 출간한 그 시기에 국가의 통치성을 논하게 된 배경에는 시대 상황과 사목 권력론의 진척이 있었다.

## 국가에 의한 자기 통치로서의 인간 통치

제2장에서 보았듯이, 푸코는 기독교가 "인간 통치"를 서양의 정치 공간으로 가져왔다고 논했다. 이때 인간 통치를 하는 주체는 누구인가? 주권자인 군주 혹은 국가일 것이다. 그렇다면 그 주체가 통치하는 국가는 주체에게 타자인가, 아니면 자기인가? 푸코는 16세기에 중대

한 전환점이 있었다고 말하면서, 종교개혁과 사목신학이 대두하는 사이에 다른 한편에서는 영역 국가가 형성되는 등 통치 문제가 다양하게 출현했다고 지적한다.

한편에서는 국가에 집중하는 움직임, 다른 한편에서는 확산과 종교적으로 반항하는 움직임이 있었다. 이 두 움직임이 교차하는 순간……**"어떻게**, 누구에게, 어디까지, 어떤 목적을 위해, 어떤 방법으로 통치받는 것인가"라는 문제가 제기되었다. (강조는 원문)

여기에는 군주의 통치 문제도 포함된다. 다만 이것은 근대 정치 사상의 선구자로 꼽히는 『군주론Il Principe』의 저자 니콜로 마키아벨리Niccoló Machiavelli와는 다른 방식으로 발전되었다고 푸코는 말한다. 마키아벨리는 주권자이자 군주인 단 한 명이 통치자로서 공국을 외부에서 초월적으로 통치한다고 생각했다. 하지만 일반적으로 『군주의 거울Specula Principum』이라는 군주용 교육 지침서는 반기독교적인 마키아벨리의 논리에 맞서듯이 가장과 교사, 수도원장 등 다양한 통치자가 있는 공간에서 군주가 어떻게 자신을 통치하여 가족과 소유 영지를 통치하고 최종적으로 국가를 통치하는지를 문제 삼았다.

마키아벨리와 장 보댕Jean Bodin 같은 16세기의 국가 이성론은 보통 근대적 주권 개념을 확립했다고 인식된다. 하지만 실제로 국가 이성론이 등장한 단계에서 권력의 주요 문제는 **주권적인** 것이 아니라 이미 **통치적인** 것이 아니었냐고 푸코는 말하는 것이다.

다시 말해서, 영역 국가에서는 한 명의 탁월한 통치자가 **절대적으로** 권력을 행사하지 않는다. 사회의 위에서부터 아래까지 통치적 관계가 쭉 관통되며, 군주부터 신민까지, 자기가 자기를 인도하고 타자를 인도하고 또 타자에게 인도를 받는 **상대적** 권력관계 안에 속해 있다. 이러한 인식하에 군주는 자신도 속한 국가 사회의 모습을 **합리적으로** 파악하면서 자기와 타자를 통치한다. 어떻게 이런 표현이 가능한가 하면, 통치의 주체인 "자기"에게는 정의상 범위에 제한이 없기 때문이다.

이러한 통치를 할 수 있게 구체적으로 지원한 곳이

지금까지 여러 번 이름을 거론했던 "폴리스"이다. 내정 전반을 관장하는 폴리스는 통치 공간에 존재하는 인간과 자원, 자산을 현명하게 배분하는 기술로서의 "경제(학)"을 통해서 통치 공간에 개입한다. 그리고 푸코는 영역을 구석구석까지, 다시 말해 자기의 모든 곳에 마음을 쓰려는 폴리스에서 세속화된 사목권력의 모습을 보았다. 폴리스가 실현해야 하는 것을 "안전, 영토, 인구"라는 강의 제목에 빗대어 말하면, **영토** 안에 사는 **주민**을 **안심시키고**, 나아가서 국가를 **안전하게** 만드는 일이다. 국가는 국가를 자기로서 통치한다는 문제를 설정했던 푸코는 국가론에도 미시적 권력 분석을 적용했다.

## 자유주의는 "진리진술의 장"인 시장을 만들고 자기 통치를 제한한다

제2장에서 살펴보았듯이, 자기 통치란 진리에 입각한 주체화를 말한다. 그렇다면 근대 국가에서 통치의 지표

로 참조하는 "진리"란 무엇일까? 국가는 무엇에 입각하여 자신을 국가로 구성하는 것일까?

푸코는 이 질문에 "시장"이라고 대답했다. 역사적으로 말하면 초기 근대 이후 서양의 경제 정책은 국가의 간섭에 의한 보호무역으로 국부를 증대시키는 중상주의를 비판하고 자유무역을 제창하는 중농주의와 고전적 자유주의가 18세기 중엽에 출현하면서 전환점을 맞이한다. 그리고 둘의 큰 차이도 역시 시장에 대한 견해였다.

전형적인 사례로는 식량 문제에 대한 대응이 있다. 중상주의자는 곡물 수출 금지와 재고 방출 명령 등의 폴리스형 개입 정책을 통해 시장에서 **공정한** 가격을 실현해야 한다고 설파했다. 주민이 불만을 폭발시키지 않는 수준으로 가격을 인위적으로 유도하는 것이다. 18세기 후반에 프랑수아 케네를 위시한 중농학파는 이에 맞서 이의를 제기했다. 곡물 거래를 자유화하면 시장에서는 좋은 가격이 자연스럽게 출현한다고 주장하면서 시장의 자생적인 원리를 존중하라고 요구한 것이다. 이 입장은 애덤 스미스 이후 고전파 경제학으로 계승된다.

푸코는 이러한 논쟁을 보고 시장에 "진리진술의 장"으로서의 역할이 주어진 계기가 중농주의에 있음을 꿰뚫어보았다. 국가의 자기 통치가 "시장" 가격으로 나타나는 "진리"를 지표로 삼는다는 것이다. 그리고 그 가격은 시장 바깥에서 결정된 절대적으로 "공정한" 가격이 아니라 시장에서 결정된 상대적으로 "좋은" 가격을 뜻한다.

중세부터 중상주의 시대에 보급된 시장은 정의, 즉 공정함을 보여주는 "법진술의 장"이었다. 공정한 가격을 실현하고 시장에 법, 즉 정의로움을 보여주기 위해서 정부가 다양하게 개입한다. 반면 중농주의에서는 시장이 "자연스러운" 원리에 따른다고 간주한다. 정부가 해야 할 일은 딱 하나, "자유방임"이다. 시장의 자생적인 원리를 존중하고 자유로운 가격 형성을 유도하여 시장에 내재된 "진리"를 말함으로써 "적정한" 가격을 실현시키는 것이 정부의 역할이다.

그리고 여기에서 "자연"이란 사회적 자연, 다시 말해 시장이다.

그것은 정치, 국가 이성, 폴리스에 갖춰진 **인위성**과 대립시킬 수 있는 **자연성**이다.……그것은 인간의 상호관계에서만 볼 수 있는, 인간이 공존하고 모이고 교환하고 노동하고 생산할 때 자연스럽게 일어나는 고유의 자연성인 것이다. (강조는 인용자)

시장이라는 **자연적 질서**를 국가가 존중하기를 바라는 자유주의형 통치와 그에 대한 **인위적인** 개입을 정당하다고 여기는 국가 이성, 폴리스, 중상주의형 통치는 이 "공정 가격"과 "적정 가격"에서 그 차이가 확연하게 드러난다.

자유주의형 통치가 정부에 요구하는 바는 이 자연의 원리가 제시한 바를 읽고, 거기에서 나온 "진리"에 따라서 권력 행사를 스스로 제한하는 것이다. 통치는 최소한으로 해야 하기 때문이다. 정부가 자국에 대한 다양한 정보를 수집, 분석하고 경제 사회의 실상을 인식해야 하는 이유도 여기에 있다. 국가의 통치는 그러한 **생명정치적 자기 인식**을 존중했을 때 이루어진다.

그러나 여기에는 자유주의만의 고유한 딜레마가 있다. 문자 그대로 "자유방임" 상태에서 자유주의적 통치는 불가능하다. 따라서 정부는 원리적으로 최소한의 통치로 최대한의 결과를 낸다는 까다로운 문제에 직면한다. 자유는 언제나 너무 적게 주어지는 과소 상태이고, 통치는 언제나 지나치게 개입하는 **과잉** 상태라는 고민이 따른다는 뜻도 된다. 이는 공정함을 실현하기 위해서는 통치 주체가 **적게** 개입해야 하는 것이 아니냐는 폴리스형 통치가 가진 고민과는 사뭇 대조적이다. 다른 말로 하면 자유주의에서 자유란 권리로서의 자유가 아니며, 통치를 하는 사람과 받는 사람 사이에 생기는 그때그때 다른 관계 양상이다. 그 점에 관해서는 다음 장에서 살펴보기로 하자.

## 신자유주의는 완전경쟁이라는 이념으로 사회에 개입한다

푸코가 미국형 신자유주의 경제학을 거론하며 자세히 논한 덕에, 푸코의 통치성 강의는 2000년 중반에 널리 알려지며 주목과 논쟁의 대상이 되었다. 푸코가 신자유주의에 주목한 이유는 당시 프랑스 정부가 신자유주의적 사회 정책을 도입하려고 했기 때문이기도 하다. 가령, 미국의 신자유주의 경제학이 제창했던 "부의 소득세"(일정한 과세 소득 수준을 밑도는 경우에는 소득세를 징수하지 않는 대신에 현금을 지원해서 이런 이름이 붙었다)가 검토되었다.

푸코는 신자유주의가 20세기 전반에 등장한 새로운 형태의 통치 체제이며 케인스주의에 뿌리를 둔 수정자본주의, 즉 복지국가와도 다르고, "전체주의"(공산주의와 국민 사회주의, 즉 나치즘)와도 다른 새로운 통치성이라고 이해했다. 여기에서는 푸코의 논의 중에서 시장과 경제인을 바라보는 시각의 변화를 다루면서, 통치와 주제에 관한 견해를 정리하고자 한다. 우선, 신자유주의가 "시장"을 어떻게 새로 만들어갔는지 살펴보자.

통치성 이론의 관점에서 보면, 신자유주의란 고전적 자유주의가 직면한 통치성의 위기감에서 나온 반동적 반응이다. 20세기에 들어서면서 고전적 자유주의형 통치는 주기적인 불황, 독점과 과점의 형성, 빈곤과 실업, 불평등의 확대와 같은 사회 문제들을 그저 팔짱만 끼고 수수방관했다. 이러한 배경에서 등장한 것이 케인스주의와 사회주의이다.

제1차 세계대전 이후 전간기에 보수와 혁신의 양쪽에서 등장한 두 가지 정책 사상은 자유방임의 폐해를 지적하면서, 경제의 계획화(미국의 뉴딜 정책과 소련의 5개년 계획 등)와 시장에 대한 직접 개입으로 이러한 문제에 대처할 수 있다고 주장했다. 이때 신자유주의는 이 두 사상과는 다른 "제3의 길"을 주장하며 등장했다.

신자유주의가 "새로운" 이유는 무엇일까? 이에 관해서는 견해가 갈리지만, 푸코는 시장과 국가의 관계, 거기에서 나오는 진리와 통치의 관계에서 신자유주의와 고전적 자유주의의 질적인 차이를 보았다. 앞에서 본 것처럼, 자유주의는 시장에서 형성되는 가격을 "진리"로 보고 통치의 자기 제한 원리로 간주했다. 국가는 사회의 진정한 모습이 시장에서 나타날 수 있도록, **가격 형성 과정에 개입해서는 안 된다.** 그러한 공연한 방해가 없을 때에 시장이 정확하게 기능한다고 생각했기 때문이다.

반면 신자유주의는 적극적인 개입을 주장한다. 얼핏 역설적으로 보이지만, 자세히 살펴보자. 한 질서 자유주의자는 이렇게 말한다. 시장이란, 말하자면 관엽식물이다. 실내에서 자라는 식물에 물을 주어야 하는 것처럼 시장을 방치하면 가격 형성 원리가 제대로 작동하지 않는다. 독점과 과점, 파업 등 사회에는 완전경쟁시장의 성립을 방해하는 여러 요소들이 존재하기 때문이다. 따라서 시장이 올바로 기능하기 위해서는 **경제 외의 요인에 대한 적극적 개입이 늘 필요하다.** 그래야만 경쟁이 성립할 수 있다. 완전경쟁시장이 드러내는 "진리"를 실현하기 위해서 경쟁을 축으로 하여 **현실 사회**

의 **환경**을 개조하자고 주장하는 것이, **시장 외** 요소에 적극적으로 개입하는 신자유주의형 통치, 즉 경제가 아닌 사회를 대상으로 하는 통치이다.

> 신자유주의형 통치는······사회에 개입해야 하고, 경쟁 원리가 언제, 어디서나 조정 역할을 해야 한다고 주장한다. 그것은 중농학파가 그려낸 듯한 경제적 통치, 다시 말해서 경제 법칙만 인식하고 고수하면 되는 통치가 아니다. 신자유주의형 통치는 경제적 통치가 아니라 **사회적 통치**이기 때문이다. (강조는 인용자)

다만 시장경쟁은 자기들끼리 경쟁하도록 내버려둬서는 절대로 성립하지 않는다. 완전경쟁이 가능해지는 경제 질서를 실현하기 위해서는 "사회 구조에 깊숙이" 개입해야 한다. 경쟁 질서를 확립하고 경제 성장을 실현해야만 사회의 자유가 확보된다. 신자유주의형 통치성은 이런 개념이다. 자유란 처음부터 자연에서 나온 것이고 존중받아야 하는 것이 아니라, 개입을 통해서 생산되어야 하는 것이다. 이때 경쟁이란 말하자면 형이상학적 "진리"이지만, 그럼에도 여전히 "자유"는 존중받아야 한다.

신자유주의형 통치는 이렇게 시장이라는 "진리진술의 장"의 기능을 바꿔놓는다. 경쟁은 자연적 **사실**이 아니라 고유한 구조를 가지고 추구되어야 하는 **이념**이 된다. 또한 시장은 진리진술을 통해서 통치의 과잉을 경계하는 지표가 아니라 통치의 대항원리가 되며, 통치그 자체를 통제한다.


## 경제 주체는 달라진다
### 교환에서 경쟁으로, 상인에서 기업으로

이렇게 해서 신자유주의형 통치는 "경쟁"을 통치성의 중추로 파악한다. 이때 근대 경제학의 토대가 된 "경제인homo economicus"이라는 경제 주체 모델도 그 근저에서부터 변화를 맞았다고 푸코는 생각했다.

"경제인"이란, 이익의 최대화라는 경제적 합리성에 기초하여 행동하는 인물상을 일컫는다. 그 개념을 고안한 애덤 스미스에 따르면, 이러한 "이기적" 주체로 이루어진 사회 공간은 각자 자신의 이익만을 추구함으로써 결과적으로 모두에게 바람직한 상태를 실현한다. 18세기부터 현재까지 근대 경제학은 정도의 차이는 있지만, 이 경제인이라는 개인주의적 모델을 축으로 발전해왔다. 이때 "시장"이란 각자에게 효용을 가져다주고 그 욕망을 채워주는 물건이나 상품이 거래되는 장소를 가리킨다. 다른 말로 하면 경제인은 **교환하는 주체**로서 교환을 통해서 사익을 추구하는 존재인 것이다.

그런데 푸코는 시카고 학파의 신자유주의 경제학이 이 경제인 모델이 상정하는 인물상을 확실하게 바꿔놓았다고 주장한다.


경제인은 교환을 하는 상대가 아니다. 경제인은 기업체이며 한 명의 기업가를 말한다. 모든 신자유주의형 분석은 교환 상대로서의 경제인을 **한 기업가로서의 경제인**으로

필요할 때마다 대체하려고 한다. 스스로가 자기의 자본이

며, 스스로가 자기의 생산자이며, 스스로가 [자기의] 수입

원이라는 존재로. (강조는 인용자)


신자유주의는 경제인을 **기업의 주체, 경쟁과 생산

을 담당하는 주체**로 파악한다. 그것은 "한 명의 기업

가"(강의록 주석에는 "자기 스스로가 자신의 기업가")이다.

무슨 말일까?

자본을 투입하여 상품을 생산, 판매하고 이윤을 얻는

순환의 총체가 기업의 실체라고 한다면, 신자유주의 경

제인은 그 순환을 혼자 떠맡는 **개인 기업체**로 상정된

다는 말이다.

이렇게 해서 "기업"이 사회의 기본 구성단위가 된다.

사회관계 전체가 경제-기업 모델로 대체되는 것이다.

신자유주의형 통치가 그리는 사회에서는 노동력을 판

매하여 수입을 얻는 노동자가 없으면 화폐와 상품을

교환하고 욕망을 충족하는 소비자도 없다. 노동은 자

신의 인적 자본을 활용하여 **생산**을 하고 소득을 얻으

며, 소비는 상품 구매를 통해서 자기만족을 **생산한다**.

시카고 학파의 경제학자 게리 베커Gary Becker는 자신의 경제학 이론을 "인간 중심 경제학"이라고 부른 것으로 유명하다. 물론 신자유주의 경제학의 중심에는 "인간"이 있다. 하지만 그것은 기업으로서의 개인이다. 신자유주의형 통치는 이러한 특이한 인간학에 기초하여 통치를 하고자 한다. 우리는 태어나서 죽을 때까지 그 생활을 구성하는 다양한 요소들을 다루는 하나의 복합적 기업체로 취급받는 것이다.

21세기 초를 살아가는 현대인에게는 이러한 경제인 개념이 익숙할지도 모른다. 자기책임 원칙이 이렇게 침투한 사회에서는 정보와 자원의 불평등이 의도적으로 방치된 채, 각각 하나의 기업체인 개인과 가정에 "선택"과 그 결과만을 온전히 떠맡긴다. 우리는 모든 고뇌의 **개인적 소유자**로서 그 해결에 쫓기고, 한 기업가로서 모든 능력치를 키워야 한다는 강박에 시달린다. 남녀노소가 "시대의 요청", 규제 변경과 개입을 통해서 조작된 "환경"에 맞춰 자신의 인적 자본을 고도화하라는 요구에 내쫓긴다. 개인과 가정의 "기업" **활동**에는 끝이 없다. 고전 경제학에도 경제인이라는 개념이 존재하지만, 그 내용은 전혀 다르다.

『생명 관리 정치의 탄생*Naissance de la Biopolitique*』(1979)에서는 1950년대부터 형성된 신자유주의 경제학의 인적 자본론이 충실히 논의되고 있으며, 2010년대에는 베커도 푸코의 논의를 극찬한다. 이런 상황에서 푸코가 복지국가를 현대적 사목권력이라며 신랄하게 묘사한 반면, 신자유주의에 관해서는 별다른 비판을 가하지 않았다는 점에서 그가 신자유주의형 통치에 공감했던 것이 아니냐는 논쟁이 끊이지 않았다.

여기에서 그 논쟁에 뛰어들 생각은 없지만, 한 가지만은 말해두고 싶다. 신자유주의형 통치에 어떤 이의를 제기할 수 있는지를 생각해보기 위해서는, 먼저 "우리를 사정없이 뒤덮고 있다"는 그 통치의 특징을 파악해야 한다. 그리고 그 특징을 내재적으로 파악하기 위해서는 푸코의 신자유주의론을 읽는 것이 선행되어야 할 것이다.

이 장에서는 자기와 타자를 통치하는 사람이 "국가"로 확대되고, 통치성 이론이 근대 국가의 권력기술론으로 발전되는 과정을 고찰했다. 통치 문제는 16세기에 확산되었다. 반종교개혁에 의해서 고해성사가 제도화되고 세속국가의 주권 이론이 고조되자, 이에 대한 반발로 영토가 아닌 사람을 통치하는 방법론이 논의된다. 이렇게 해서 인간은 종교적이면서 세속적인 통치의 대상이 되고 인간을 통치하기 위한 기술이 발전한다.

이 통치술은 국가 이성, 고전적 자유주의, 신자유주의의 세 가지로 크게 나뉘었다. 푸코가 특히 신자유주의에 주목한 이유는 그것이 사회의 구성단위를 "기업"으로 보고, 완전경쟁을 실현시켜야 하는 이념으로 삼으며, 그것을 실현하기 위해서 시장이 아닌 사회 환경에 적극적으로 개입하는 새로운 형태의 통치성이었기 때문이다.

1970년대 말 이후의 자본주의 사회 발전을 내다본 듯한 푸코의 논의는, 그렇다면 그런 신자유주의형 통치에 어떤 이의를 제기할 수 있느냐는 절실한 의문에 봉착한다. 인간이 통치하는 공간이란 수많은 자기와 타자의 통치가 뒤섞여 실행되는 장소였다. 이것을 바탕으로 제4장에서는 논의의 폭을 넓혀 자기와 타자의 통치에 관한 논의가 어떤 주체의 가능성을 우리에게 보여주는지 생각해보자.

제4장

# 진정한 삶을 산다
## 대항품행과 집합적 주체

자기와 타자의 통치에 관한 푸코의 고찰은 기독교의 사목권력의 세속화를 거쳐 경쟁이라는 "진리"를 축으로 해서 사회를 "기업" 단위로 재편시킨 신자유주의형 통치에 이르게 된다. 그가 노린 것은 1960년대 세계적 반체제 운동이 불러온 통치성의 위기 속에서 새로 등장한 통치 방식을 확정하는 것이었다.

그러나 푸코에 따르면 권력은 관계적인 것이며, 늘 반전의 가능성을 안고 있다. 그렇다면 권력론을 통치, 곧 인도의 문제로 확장한 자기와 타자의 통치 문제 안에서, 그러한 반전의 정치적 계기는 어떤 형태로 자리하고 있을까? 이 장에서는 이 질문을 "대항품행counter conduct"이라는 개념을 통해서 생각해보려 한다.

## 자기 통치와 타자 통치가 뒤섞인
## 자유로운 통치 공간

제3장에서 보았듯이 인간의 통치 무대가 되는 정치 공간이란 16세기에 정의된 이래 크고 작은 다양한 규모로 자기 통치와 타자 통치가 뒤섞인 자리가 되었다. 타자를 인도하려는 자기는 먼저 자신을 인도해야 한다. 하지만 그런 자기도 타자의 인도를 받는다. 통치가 이루어지는 공간에서는 다수의 통치, 곧 인도를 두고 끊임없는 "게임"이 펼쳐진다. 그러한 자기 인도와 타자 인도가 뒤섞인 것이 통치이다. 푸코는 『안전, 영토, 인구』에서 이렇게 말한다.

개인을 향한 타자의 작용과 그 개인이 행하는 자기 인도가 결합된 것을 "통치"라고 부를 수 있지 않을까.……인간을 통치한다는 것은 위정자가 사람들을 뜻대로 움직인다는 뜻이 아니다. 통치란 강제하는 기술과 자기가 자기 자신의 손으로 구축, 변형시키는 과정 사이에 있으며, 서로 보완하는 관계와 갈등을 안고 있는 늘 불안정한 균형 상태를 가리키기 때문이다.

타자 통치는 지배와는 다르게 타자의 행동에 틀은 잡을지언정 완전히 결정하는 것이 아니다. "통치란 타자의 확정되지 않은 행동에 구조를 넣는 것"이기 때문이다. 이 구조는 제2장에서 언급한 고대 그리스, 로마의 자기 배려에서도 발견된다. 자기 통치는 정치 엘리트층에게는 타자를 통치하는 조건이 되고, 더 넓은 층에게는 더 좋은 인생을 보내라는 권고가 될 수 있다. 그러나 이것이 의무가 아니라 개인의 선택에 속한다는 점에는 변함이 없다.

이러한 통치의 정의는 권력론의 정의와 공통된다. 권력이란 자유가 있는 곳에서만 작동하는 **관계적인** 것이며, 그 점에서 주체에 행위의 **자유**가 없는 지배와는 구별된다고 볼 수 있기 때문이다. 푸코는 틈만 나면 "권력은 그 자체로는 좋지도 나쁘지도 않다"라고 말했다. 이것은 권력을 가치중립적 도구나 타도의 대상으로 본다는 의미가 아니다. 권력관계는 권력을 행사하는 쪽과 행사를 당하는 쪽이 서로 작용하는 장이며, 거기에 주체가 어떻게 행동하는지는 사전에 정해져 있지 않다. 다르게 말하면, 권력관계에 있는 주체에게는 늘 **지금과는 다른** 행위를 할 힘이 있다.

푸코는 『감시와 처벌』에서 미시적 권력 분석에 대한 방법론을 언급하면서 『지식의 의지』와 비슷한 표현을 사용한다. 이에 따르면 권력을 미치는 측과 당하는 측의 관계는 언제든 대결할 수 있는 결코 진정될 수 없는 관계이며, 관계 자체는 힘끼리 서로 부딪침으로써 일시적일지라도 반전될 가능성이 있다. 그 권력은 사회부터 개인의 몸까지 관통하는 것이어서 반격의 가능성이 있다는 것이다.

이 권력은 "그것을 가지지 않은" 자에게 단순히 의무와 금지를 지우는 것이 아니다. 이것은 그러한 자들을 포위하고 공격하고 관통한다. 권력은 그들을 버팀목으로 삼는다. 그들이 권력과 투쟁하는 동안 권력이 자신에게 미치는 영향을 자신의 버팀목으로 삼는 것처럼.

한편 푸코는 근대 통치론에서 "자유"를 통치하는 자와 통치받는 자의 관계로 보았다. 그것은 "**더 많은** 자유를 추구하여, 현재의 자유가 **너무 적다**고 부족함을 느끼게 되는 관계"이다. 특히 자유주의 이후의 통치성에서 자유란 불가침의 권리로서 절대적으로 존재하는 것이 아니라 많냐 적냐는 상대적인 양으로 파악된다. 이 상대적인 양은 통치라는 정통성의 본질에 닿아 있다. 자유를 관리하고 통제하는 것이 국가의 통치성을 판가름하는 주요한 승부처이기 때문이다. 통치하는 자와 통치받는 자는 자유를 통해서 연결되어 있는 것이다.

## 대항품성과
## 끝이 없는 사목

통치자와 피통치자의 관계는 절대 평탄하지만은 않다. 앞에서 소개한 인용문 두 문단을 다시 한번 살펴보자. 통치란 자기 통치와 타자 통치 사이에 "서로 보완하는 관계와 갈등을 안고 있는" 결코 안정되지 않은 상태를 가리킨다. 위정자에 의한 타자 인도와 인도받는 자가 자기 변용을 통해서 이룩한 자기 인도 사이에는 평화가 찾아오지 않는다.

이러한 권력론과 통치론의 접점에 있으며, 인도받는 자가 자신을 **다른 식으로 인도하는 것**을 푸코는『안전, 영토, 인구』에서 "대항품행"이라고 불렀다. 통치, 즉 인도에는 이러한 대안적 인도인 "대항품행"이 원리적으로 작동하기 때문이다. 타자를 인도하는 사목권력이 작동하는 곳에서는 타자의 인도를 피하고, 어떤 형태로든 **자기를 인도하려는** 대항품행이 상관적으로 존재한다고 푸코는 말한다.

사목이 인간의 행동을 대상으로 하는 더없이 선별적 유형의 권력이라면……이 사목권력과 대등한 선별적 움직임, 저항, 불복종, 다시 말해서 인도의 선별적 반란이 일어난……것이라고 나는 생각한다. 이것은 다른 인도를 받으려는 움직임이다. 다시 말해, 다른 인도자와 양치기에게, 다른 목적과 다른 구원을, 다른 순서와 방법으로 인도받기를 바라는 것이다. 이것은 어쨌든 타인의 인도에서 벗어나 자기만의 인도 방식을 정하려는 움직임이다.

그리고 이어서 푸코는 정치적 주권과 경제적 착취에 각각 구별되는 저항이 있듯이 인도로서의 권력에도 선별적 저항이 있다고 말했다. 다시 말해 통치에서 "정치"는 이 대항품행과 함께 탄생한다. 『안전, 영토, 인구』의 강의 초고에는 이렇게 기록되어 있다(푸코는 이것을 다 읽지는 않았다).

통치성 분석이란……"모든 것이 정치적이다"라는 명제를 안고 있다.……정치란 통치에 대한 저항, 최초의 봉기, 최초의 대결과 함께 태어났다고 보아도 무방하다.

 정치는 타자 인도로서의 통치에 저항하고 봉기하고
대결하면서 탄생했고, 저항하고 봉기하고 대결함으로
써 관철된다. 따라서 통치성 분석이란 단순히 타자의
통치 이론을 밝히는 것만이 아니라 거기에 어떤 대항품
성이 있고 어떤 자기 통치, 즉 인도가 있으며 어떤 "정
치"가 있는가, 통치하는 자와 통치받는 자끼리 대항하
고 있는가도 밝혀내야 하는 것이다.

 그렇다면 구체적으로 푸코는 무엇을 대항품행이라
고 보았을까? 그는 이를 기독교와 관련지어, 중세부터
근세에 이르기까지 "인도받는 자들의 반란"을 예로 들
었다. 수양생활이나 제2장에서 다룬 수도회 설립과 신
앙혁신 운동, 그후에 일어난 16세기 종교개혁의 선봉
에 섰던 14-15세기 얀 후스Jan Hus와 존 위클리프John
Wycliffe 등의 교회 비판, 기독교 성립 시점부터 면면히
존재하는 신비주의, 성서로의 회귀, 종말론 등등.

 위에서 언급한 것들은 무엇이든 기독교회의 지배적

제도화에 대항하여 기존의 통치가 위기에 처했을 때, **사목의 틀 안에 있으면서도** 지배적인 것과는 다른 신앙을 추구하는 영적 운동이었다. 그리고 물론 서양 사상 최대의 대항품행은 종교개혁일 것이다. 신앙의 분열을 불러온 초기 근대로의 결정적 이행을 가져온 동시에, 푸코의 관점에서 보자면 사목권력의 제도화를 크게 진전시켰기 때문이다.

그러나 푸코는 말한다. 사목과 관련한 이러한 거대한 반란조차 사목관계 자체를 포기하지는 않았다고. 이러한 반란은 "사목과 관련한, 다시 말해 통치받을 권리와 어떻게 통치받고, 누구에게 통치받을 것인가를 아는 권리와 관련된" 것으로 발전했다. 여기에서 핵심은 종교개혁 이후의 정치적 흐름을, 농민 전쟁에서부터 30년 전쟁까지 "반봉건 혁명"이라고 부를 수는 있어도 "반사목 혁명"이라고 부르지는 않는다는 점이다.

가령 마르틴 루터Martin Luther가 『성서』의 독일어 번역본을 통해서 사람들이 『성서』의 말씀을 직접 접할 기회를 만든 이유는 그때까지와는 다른 사목적 인도를 바랐기 때문이다. 사목권력의 근본적인 재편을 가져온 사태는 지금까지 여러 번 있었지만, 사목을 역사에서 추방하자는 "혁명"은 서양 역사에서 단 한 번도 일어난 적이 없다. 기독교회에 국한해 말하면, 오히려 대항품행에 속하는 움직임을 거듭 받아들이고 자기 쇄신을 꾀함으로써 통치성의 위기를 넘어 자신의 명맥을 유지했다고 할 수 있다.

서양의 기독교 역사를 통치자와 피통치자 사이에서 끊임없이 변화하는 사목관계의 역사로 이해하면, 통치에 "끝"이 없다고 해도 비관할 일은 아닐 것이다. 권력관계가 끊임없이 변경된다는 점을 받아들이면 이제 사목, 다시 말해서 통치관계가 폐기되지 않았는데도, 다른 통치를 바라는 대항품행이 어떻게 생겨나는지를 확인하는 것이 커다란 과제가 된다.

세속의 역사에서는 누가 대항품행의 주체인가? 푸코는 국가에 종속되기를 거부하고 국가가 제시하는 진리와는 다른 진리로 자신을 집단으로 인도하는 시민 사회, 주민, 민족, 곧 국민이 그 주체라고 했다. 문맥으로 보자면 국가 이성에 대항하는 정치적 자유주의, 자유주의에 항거하는 민중봉기와 혁명 운동, 제국주의와 식민지주의에 항거하는 내셔널리즘과 혁명 운동이 여기에 해당한다고 보면 좋을 것이다. 또한 동시대적으로는 푸코가 1950년대 이후 줄곧 관심을 가져온 동유럽 공산권 나라들의 반체제파나, 대항품행이라는 말로 표현하지는 않았지만 그 문제의식을 분명히 느낄 수 있는 가운데 "정치적 영성"이라는 논쟁적 개념으로 고찰했던 1970년대 말 이란의 민중봉기를 들 수 있다.

## 이런 식으로는 통치받지 않겠다는 기술로서의 비판

앞에서 살펴본 바와 같이 16세기는 정치적 근대가 시작되는 동시에 통치에 관한 의문이 다양하게 분출되던 시대였다. 푸코는 이때 통치에서도 인도하는 것과 같은 움직임이 일어나리라고 생각했다. 그것은 대항품행과 마찬가지로 지금의 통치와는 다른 통치를 바라는 움직임이다.

그리고 강연 "비판이란 무엇인가"(1978) 이후 몇 번이나 기회를 보고 이 "이렇게는 통치받지 않겠다는 기술"을 이마누엘 칸트Immanuel Kant의 논문 「계몽이란 무엇인가에 대한 답변Beantwortung der Frage: Was ist Aufklärung?」(1784)를 참조하면서 "비판", 나아가서는 "계몽"이라는 개념과 연결시켰다. 여기에서 비판이란 일체의 통치를 바라지 않는 기술이 아니라 지금의 형태로 통치받지 않으려면 어떻게 하면 좋은가 하는 질문에 관한 고찰과 기술을 가리킨다.

통치받지 않는 기술, 이렇게까지 하면서, 이런 희생을 치르면서까지 통치받지 않겠다는 기술이라고 아주 간단하게 부르고 싶다. 따라서 비판의 첫 정의로서 다음 같은 일반적 특징을 부여하고자 한다. **이런 식으로는** 통치받지 않겠다는 기술이다. (강조는 인용자)

왜 이것이 "비판"이고 "계몽"인가. 푸코는 칸트가 계몽을 역사상의 한 시기가 아닌, 인류가 성년 상태로 이행하는 운동으로 파악했다고 지적한다. 계몽이란 자기가 타인의 **인도**에 몸을 맡기고 자신의 힘으로 생각하려고 하지 않는 미성년 상태에서 결별하는 것, 자신의 지성을 활용하여 자유롭게 사고하는 책임을, **용기를 내서** 받아들이겠다고 결심하는 것이라고 칸트는 논했다. 일정한 위험을 감수하고 단행된 이성의 공적 사용이 계몽의 실천이기 때문이다.

그러나 여기에는 성가신 구조가 있다. 어떻게 해서 인간은 미성년 상태에서 탈출하기로 결심하는 것일까? 칸트는 "계몽의 이념을 받아들이고 지금이 바로 그때, 계몽의 시대임을 인식함에 따라서"라고 대답했다. 푸코는 이 논의를 참고하여 계몽에 "의지와 권위, 이성을 활용하는 사이에 기존의 관계가 변경된다"라고 정의를 내렸다.

다시 말해서 통치론으로 본 "계몽"이란 자기 인도와 타자 인도 관계로 구성된 자기가, 자신의 행동을 문제시함으로써 지금 자신이 처한 통치관계를 변경시키는 것이다. 인간은 계몽에 의지하고 용기를 내서 이를 받아들임으로써 계몽이라는 **집합적** 과정 안에 **개인으로서** 주체적으로 참여하는 것이다. 이 논의는 1982-1983년 콜레주 드 프랑스에서 했던 "자기와 타자의 통치"의 첫 강의에서 그 전후 관계를 포함하여 다시 상세히 거론하고 있다.

지금이 계몽의 시대라는 생각은 지금 여기를 고유의 시점으로 보는 근대만의 특징이다. 이러한 시대 감각을, 푸코는 1983년에 미국에서 연 동명의 강연을 토대로 하여 집필한 『계몽이란 무엇인가 *Was ist Aufklärung*』(1984)에서 19세기 시인 샤를 보들레르 Charles Baudelaire의 댄디즘 dandyism과 "현대성"을 중첩시켰다.

여기에서 말하는 "댄디즘"이란 근대에서의 자기 배려의 실천, 하나의 **수련**이다. 다만 댄디즘은 지금의 자기를 철저히 종속시키고 말하자면 불사름으로써 주체화하는 수도사의 수련과는 대조적인 형태로 자기 **윤리적** 변용을 가져왔다. 이는 "자신의 신체, 행동, 감정과 열정, 그리고 생을 예술 작품으로 보는" 수련으로서의 자기 주체화이다.

이 수련으로서의 댄디즘은 변천하는 시대의 유행을 좇는 것과는 반대로 지금이라는 순간적 시간 안에 있으면서 핵심이 되는 영원한 것, 보들레르에 따르면 "영웅적 행위"를 붙잡는 것이다. 지금 여기를 역사상 하나의 시점이 아니라 고유의 시점으로 보고 그 특징을 찾는 것은 **선택**에 기인한 "태도"라고 푸코는 말한다.

태도란 현재와 관계를 맺는 방법이며 어떤 사람들의 자발적인 선택이다. 다시 말해, 생각하고 느끼는 방식이자 작용하고 행동하는 방식을 가리킨다. 그것은 어디에 속해 있는지를 보여주는 동시에 해내야 할 일로 드러난다. 아마도 과거 그리스에서 "에토스$_{ethos}$"라고 하던 것과 같은 것이리라.

모던한 태도, 혹은 댄디즘은 자신이 지금 살고 있는 시간을 과거와 현재의 연결이 아니라 거기에서 단절된 것으로 이해한 뒤, 그것을 자신의 사고와 감성에 기대어 이해하고 자신이 어떻게 행동할지를 의도적으로 선택하는 것이다. 그러한 실천에 의해서 그 사람은 지금의 자기 모습에서 벗어나 그 시대에 어울리는 존재로 자신을 구성한다. 자신의 삶을 하나의 예술 작품으로 삼는다는 것은 그러한 "미적" 행위이며, "생존 미학"으로 볼 수 있다.

참고로 "윤리"는 "에토스"로 번역되는데, 푸코가 여기에서 생각하는 "윤리"는 어떤 행동 규범이나 도덕 질서를 받아들이고 거기에 따라서 자신의 모습을 규정하는 것이 아니다. 오히려 제2장에서 고대 철학을 논할 때 언급했듯이 자신에게 작용하여 자신의 모습을 형성하는 것이다. 푸코가 "자기에 대한 의무적 반역"으로 묘사한 이러한 "윤리적"이고 "미적"인 태도는, "이런 식으로는 통치받지 않겠다는 기술"로서의 비판인 셈이다.

그러한 비판적 태도는 지금의 인도를 거부하고 다른 인도를 바라는 개인과 집단의 대항품행과 통한다. 보들레르의 현대성에 관한 논의는 그 자체로도 무척 유

명하지만, 푸코는 그것을 개인적**이자** 동시에 집단적인
과정으로 본 계몽 개념과 조합해서, 지금의 지배적 인
도가 아닌 다른 곳으로 용기 내어 자신(들)을 인도하려
고 하는 대안적 주체화로 보았던 것이다.

## 파레시아에서
## 대항품행으로

이러한 **윤리적** 실천과 진리의 관계는 무엇이며, 진리와
의 관계에 의해서 자기의 삶을 어떻게 구성할까라는 질
문은 푸코가 죽기 3개월 전까지 진행했던 콜레주 드 프
랑스 강의의 마지막 2년 동안(앞에서 소개한 "자기와 타
자의 통치"와 1983-1984년 강의 "진리의 용기") 다루어진
다. 그 중심축은 고대 그리스의 "파레시아Parrhesia"(언어
의 자유)라는 개념이다.

　"진실을 말한다", "솔직하게 말한다"라고 정의되는
파레시아라는 행위는, 자신의 신념이 토대가 된 "진실"

을 자신의 몸에 미칠지도 모를 위험을 감수하고 주장하는 것이다. 그것은 먼저 시민이나 왕이 도시국가를 인도하는 정치적 권력 행사와 깊은 관련이 있으며, 나중에는 자기를 인도한다는 철학상의 윤리적 행위와도 관련되었다. 푸코는 이 파레시아의 역사를 고대 그리스의 역사를 찾아보고, 특히 고전기(기원전 6세기 말-기원전 4세기 후반)에 "정치적 파레시아"에서 "철학적 파레시아"로 이행한 데에 주목했다.

여기에서 정치적 파레시아란 도시국가와의 관계에서 행사되는 책임이나 의무, 혹은 권리와의 관계에서 문제로 꼽히는 것이다. 가령 민회에 모인 수많은 아테네 시민을 상대로 자신의 지위가 위태로워질지도 모를 위험을 감수하면서 자신이 옳다고 생각하는 정치 방침을 말하는 정치가 페리클레스Pericles의 연설이나, 그리스 비극『이온Ion』과『오이디푸스 왕Oidipous Tirannos』에서 볼 수 있듯이 자신이 정말로 왕에 걸맞은 인물인지를 확인하는 것에 관한 개념이다(출신의 진상이 밝혀지며 이온은 왕이 되지만, 오이디푸스는 자신을 추방시킨다).

진리가 자기와 타자의 통치와 관련이 있다는 논점은 지금까지 살펴본 대로인데, 푸코는 이것을 칸트로부터 보들레르에 이르는 **비판으로서의** 생존 미학과 확실하게 교차시킨다. 그는 철학적 파레시아에서 인도의 대상, 자기 배려의 대상으로 인식되는 것은 "삶", 다시 말해서 자기의 존재, 사는 모습이라고 말한다. 그리고 소크라테스에게 죽음을 선고한 민주주의 제도를 멀리하고 철인왕哲人王을 육성하여 이상의 정치를 실현시키려다가 좌절한 플라톤이 아니라, 그와 동시대인이자 플라톤이 "미친 소크라테스"라고 말했던 시노페의 디오게네스Sinope Diogenēs를 비롯한 키니코스Cynicos(견유)파에서 "진정한 삶"의 실천, 삶을 통해서 진리를 드러내는 행위를 발견했다.

자연에 순응하는 삶을 있는 그대로 드러내는 데에는 문제가 전혀 없다. 그렇게 주장하는 키니코스파 사람들에게는 나무통에서 생활하거나, 자신을 찾아온 알렉산드로스 3세Alexandros III에게 햇볕이 들지 않으니 물러서라고 하는 등 이목을 끄는 일화들도 풍부하다. 그런 의미에서도 푸코의 취향일 그들의 진정한 효과는 철학의 진리와 주체의 관계를 떠들썩하게, 혹은 극적으로 개척하는 데에 있다. 철학은 사적 공간에서 우애라는 친밀한 관계를 맺으며 하는 것이 아니라 공적 공간에서 철학자가 몸을 사리지 않고 하는 것이다.

푸코는 특히 디오게네스의 "화폐의 가치를 바꾸라"라는 유명한 말을 인용한다. 여기에서 말하는 "화폐"란 돈만이 아니라 법과도 관련된 것을 가리킨다. 푸코는 디오게네스가 이 말을 통해 그러한 노미스마nomisma(화폐)의 진정한 가치를 확인하고 가치 자체를 바꾸는 것, 사회적 통념을 인간의 자연적 모습과의 관계 속에서 되묻고자 한다고 말한다.

노미스마는 화폐, 노모스는 법을 의미한다. 화폐의 가치를 바꾸는 것은 관습과 규칙, 법이 되는 사안에 일정한 태도를 취하는 것이다.……주화가 진정한 가치를 속이지 않도록 하는 것, 더 훌륭하고 더 잘 어울리는 다른 초상을 새겨서 본래의 가치를 되찾는 것, 이것이 화폐의 가치를 바꾸라, 변질시키라고 했던 키니코스파의 중요한 원칙에 따르는 삶이다.

키니코스파가 생각하는 철학적 삶은 공적 생활에서 물러나는 것이 아니다. 오히려 현재의 사회 질서를 비판적으로 보고 거기에서 발견된 진실을 스스로 표명함으로써 진리의 주체가 되는 것, 자신의 인도하는 방식을 변경하는 것이다. 물론 역사적으로 보면 키니코스파의 세계 시민주의와 수련, 빈곤, 자족 같은 사고는 초기 기독교의 수도생활에 영향을 끼쳤다. 이런 의미에서 진실을 솔직하게 말하는 파레시아의 주요 후계자는 철학에서 기독교로 이전된다. 다만 푸코는 이 학파가 자기를 움직여서 삶에 형식을 부여하는 것, 무엇보다 강력하게 고유한 생활양식을 확립하는 것을 중시하는 경향이 있다고 강조했다.

한편 푸코는 키니코스파의 근대적 후계자로 수련을 중시하는 종교 수행, 혁명 정치, 전위적 예술 운동이 세 가지를 꼽았다. 이들은 전부 기존의 인도, 사회 규범 및 인습과 결별하고 진리와 다시 관계를 맺으며 진정한 삶을 산다는 생존 미학의 실천이기 때문이다.

제2장에서 말한 것처럼, 푸코가 자기와 타자의 통치를 그대로 거슬러 올라가서 고찰한 목적은 "진리"에는 두 가지의 종류가 있다는 것을 보여주기 위함이었다. 두 가지 진리란 일정한 절차를 밟으면 누구나 접근할 수 있는 객관적 진리와 자신의 생체를 변화시키지 않으면 알 수 없고 그것을 알면 자신에게 변화가 일어난다는 주관적 진리였다.

이렇게 주체를 바꾼다는 의미에서의 "영적"인 진리와 주체의 관계를 "철학적 삶"이라고 한다. 여기에서는 학설사學說史라는 의미의 철학사와는 다른, 또 하나의 철학사가 있다고 푸코는 말한다.

가르침의 역사가 아니라 삶의 형식, 양태, 양식의 역사로서의 철학사. 그것은 철학적 문제로서의 철학적 삶의 역사인 동시에, 존재의 본질이자 윤리적이면서 영웅적인 형식으로서의 철학적 삶의 역사이다.

푸코는 통치라는 "자유로운" 공간 속에서 지금의 인도를 거부하고 다른 방향으로 자신을 인도하려는 철학적 행위에 장구한 역사가 있다고 보았다. 또한 정치란 "이런 식으로는 통치받지 않겠다는 기술"이며, 그것은 통치가 이루어진 순간부터 늘 존재해왔다고 말한다.

이러한 "철학적 삶의 역사"는 통치의 역사이자 대항품행의 역사이다. 그것은 지금 여기에 있는 것이 지금까지도 있었고, 앞으로도 있으리라는 생각에서 자신을 끊어내는 결단으로부터 나왔다.

그러한 단절은 어느 날 우연한 계기로 시작되어 점차 큰 흐름으로 발전하며, 이는 역사가 증명한다. 정치경제적 요인으로는 설명할 수 없는 무엇인가가 일어날 때, 그 원동력은 푸코의 통치론에서 보자면 이런 식으로는 통치받지 않겠다는 견디기 힘든 상황과 거부의 의지이자, 자신이 **지금**이라는 고유한 순간의 한복판에 있다는, 여기서부터는 자신의 선택으로 바꿀 수 있다는 모던한—시대 구분으로서의 "근대"로 국한되지 않는 "지금"에 대한—감각인 것이다.

이러한 감각에 몸을 맡기고 거기에서 이해할 수 있었던 주관적인 "진리"를 경험함으로써 우리는 갈가리 쪼개진 분단된 개인이기를 멈추고 지금과는 다른, 자신의 바깥에 있는(다고 생각한) 사람과 사물이 연결된 개인이라는 주체로서, 또 다양한 범주의 집합적 주체로서 자신을 구성할 수 있는 것이다.

제3장에서 다룬 신자유주의형 통치는, 그러한 우리가 가진 자신을 인도하는 힘을 기업화된 개인이라는 극히 한정된 틀 안에서만 파악한다. 그러고는 대안이 없다, 이 길밖에 없다고 설득하여 집합적 실천의 불가능성을 주입시켜서 인도의 에너지를 제어하고 분단시키고 이용하려고 한다. 거꾸로 말하면 인도하는 힘을 가진 우리에게는 대항품행의 가능성이 이미, 그리고 항상 있는 것이다.

제1장에서 소개한 판옵티콘은 그곳에서 설계된 권력이 실제로는 순탄하게 작용하는 경우가 결코 없다는 의미에서 보면 권력의 유토피아이다. 권력론을 다듬어가는

중이던 1970년대 초에 푸코는 1972-1973년 콜레주 드 프랑스의 강의 "처벌 사회"에서 초기 근대의 민중봉기를 언급하며 사람들의 "폭발적 에너지"야말로 권력관계의 원천이라고 논하기도 했다. 그러한 "아래로부터" 에너지를 흡수하고 제어하기 위해서 관리와 감시 구조를 정비해온 현대 사회는 실제로『감시와 처벌』의 말미에 쓰인 것처럼, 성난 소리와 외침, 투쟁의 울림으로 넘쳐난다.

물론 후기 푸코가 말하는 "자기 배려"는 앞이 보이지 않는 사회에서 일정한 위험을 짊어지고 자신의 삶에 작용해서 그 모습을 변화시킨다는 의미에서의 "자기 계발"이다. 오늘날 사회는 가령 자기 관리와 자기 계발이라는 형태로, 기업화된 "자기"를 사회의 변화에 적응시키라느니, 미래의 위험을 통제하라느니 하는 요청으로 넘쳐난다. 그 강박적 목소리는 "지금 여기서 굴러떨어질지도 모른다"는 두려움과 한 세트이다. 그로부터 야기된 팽팽한 긴장감은 자기와 타자에 대한 폭력과 배제, 일종의 "적"을 발견하고 공격하는 상황으로 쉽게 발전한다.

그러나 그러한 "자기책임"에 길들여지고 기업화된 개인이라는 "자기"와는 또다른 주체를 만드는 행위로서 자기 계발을 생각할 수도 있을 것이다. **자기** 관리가 아니라 **자주관리**로서의 자기 계발 말이다. 이 말은 지금까지도 **공유되고 있다**. 이는 다른 누구도 아닌 "우리"가 사는 곳을 스스로 관리 운영하는 것을 가리킨다. 그 범위는 일반적인 토지와 자원, 항의하기 위해서 설치된 장소, 원래의 관리자가 없어지거나, 점거되거나, 자신들이 설립한 시설과 사무소부터 시작해서 코뮌과 소비에트라는 역사적으로는 이중 정권(즉, 권력)으로 불리던 곳까지 망라한다.

그러한 곳을 모두가 나서서 직접 관리할 때, "우리"는 태어난다. 혹은 개인은 지금까지와는 다른 개인이 된다. 그곳에서의 (늘 즐겁지만은 않은) 경험은 모두가 함께하는 것이기 때문에 이전에는 누리지 못했던 아름다운 경험이 될 수도 있는 것이다. 통치론에 따르면, "자기"의 범위에 제한은 없다. 그렇다면 자기 배려와 생존 미학의 단위인 자기에 대해서도 규모가 다른, 지금 존재하는 것이 아닌 대안적 성질을 가진 존재로 구상해볼 수 있다.

그러한 선택에는 역시 위험과 책임이 따른다. 유쾌하다고는 할 수 없다. 따라서 더욱 우리는 지금 우리가 어떻게 조직되고 있는지 분석하고, 어떻게 하면 자신을 다르게 조직할 수 있을지 관심을 가져야 한다. 그리고 전 세계에서 지금까지 일어났던, 혹은 지금 일어나고 있는 다양한 운동에 참여함으로써 자신의 힘을 깨달을 수도 있을 것이다. 이에 따라 우리도 철학적 삶의 역사 속 일부가 될 것이다.

# 나가는 글

푸코에 관한 연구는 지난 사반세기 동안 내용도 수준
도 크게 변했다. 1차 문헌의 번역은 물론이고 우수한 연
구와 해설이 일본어권에서 몇 권이나 발표되었고 전체
적인 그림을 알 수 있는 균형 있는 원고도 입수할 수 있
게 되었다. 후기 푸코의 통치론이라는 한정적 대상을
다루는 이 책이 입문서로서 출간된 것은 바로 그 덕분
이다. 지금까지 푸코의 사상을 연구해온 모든 분들께
경의를 표한다.

나는 현재 사회 철학에 관한 사상사적 관심에 더하여
급진적 기후 운동, 채굴주의, 로지스틱스 같은 현대 자

본주의 등 일련의 현상과 관련된 사안에 주목하고 있다. 푸코를 읽은 뒤 그쪽에 관심이 생겼다. 오늘날 대안 정치는 어떻게 구축되는가? 여기에 현대 사상은 어떻게 관여하는가? 나는 푸코를 토대로 이러한 의문에 답을 구하고자 했다. 현상을 해설하기보다는 미래를 구상하는 것—온난화의 진행 속도를 생각하면 이제 남은 시간이 별로 없다—그래서 더욱 철학, 사상사에 관심을 기울이고 푸코를 읽는 일에 큰 의의가 있다고 생각한다.

이 책은 2022년도 덴리 대학교에서 특별연구원으로 지내던 기간에 집필했다. 훔볼트 대학교 베를린에서 일본에서 온 우편물을 대신 수령해준 마누엘라 보야트치예프 교수 및 같은 대학의 부속 연구소 BIM에 속한 여러분과 나눈 논의를 통해서 사회 사상사의 비판적 전통의 현대적 의의를 새삼 인식하는 기회를 얻었다. 이렇게 글로나마 감사 인사를 드린다.

한편 이 책에는 내가 지금까지 발표한 글을 재구성한 부분이 있다. 이 책에서 논한 사안을 더 자세히 알고 싶

은 독자는 졸저 『푸코의 투쟁フーコーの闘争』이나 이 책 말미에 실은 "더 읽어볼 만한 책"을 참조하기를 바란다. 인용한 문헌에 관해서는 관행에 따라서 일일이 주석을 올리지는 않았다. 양해를 구한다.

마지막으로 고단샤 편집부 여러분, 특히 집필을 제안하고 인내심 있게 마지막까지 곁에서 기다려준 구리하라 가즈키와 가장 날카로운 비평자인 다카오카 도모코에게 감사드린다.

2022년 10월

깊어가는 가을 베를린에서

하코다 데쓰

# 더 읽어볼 만한 책

푸코의 관심 영역은 인문학, 사회과학에 광범위하게 걸쳐 있었다. 콜레주 드 프랑스에서의 강의명 "사고 체계의 역사"가 그 업적에 걸맞을 것이다. 그는 1960년대 내내 동시대에 존재하며 겉보기에는 차이가 있는 지식이나 실천이 물밑에서 공유하는 체제 혹은 규칙에 대해 비연속적으로 전개되는 과정을 밝히는 연구를 "고고학"이라고 명명했다. 그리고 1961년에 박사논문 「광기와 비이성」으로 출판되었던 『광기의 역사』에서는 서양 사회에서의 "광기"를 역사적인 "경험"으로 파악하고 그 변천을 고찰했다. 차기작 『임상의학의 탄생』*Naissance de la Clinique*』(1963)은 개인을 지식의 대상으로 삼은 근대 의학에 주안을 두고 병과 죽음에 대한 새로운 인식이 있었다고 논했다. 그리고『말과 사물*Les Mots et les Choses*』(1966)은 서양의 인간과학을 광범위하게 다루었고, 그 진전을 공통 기반인 "에피스테메*episteme*"의 단절적 이행으로 묘사했다. 이처럼 전개된 접근법을 방법론적으로 다듬은 것이『지식의 고고학*L'archéologie du Savoir*』(1969)이다. 1970년대에는 권력과 진리, 주체에 역점을 둔 역사 분석을 계보학이라고 불렀다.『감시와 처벌』(1975)에서는 본문에서 논한 규율권력론이, "성의 역사" 제1권『지식의 의지』(1976)에서는 생명정치론이 묘사되며 권력론의 확장을 도모한다. 제2권『쾌락의 활용』(1984)과 제3권『자기 배려』(1984)는 고대 그리스, 로마를, 사후 출판인 제4권『육체의 고백』(2011)은 교부 시대와 초기 수도제를 대상으로, 전체적으로 이교 세계에서 중세 기독교 사회까지의 진리와 주체성의 관계성을 다루었다.『나, 피에르 리비에르*Moi, Pierre Rivière*』(1973)와『에르퀼린 바르뱅*Herculine Barbin*』(1978)은 각각 19세기 중반의 존속 살인

자와 인터섹스 당사자의 수기와 관련 문서(전자는 콜레주 드 프랑스에서의 세미나의 성과도 포함)이며, 19세기의 의학적 지식—권력과 엇갈린 사람들의 기록으로서 출판되었다. 또한 『가족의 소동 *Le Désordre des Familles*』(1982)은 제1장에서 언급한 봉인장을 아카이브에서 골라 수록한 것이다.

또한 주요 텍스트로는 발언이나 다양한 글들을 정리한 『말하기와 쓰기 *Dits et Écrits*』와 콜레주 드 프랑스에서 1970년부터 1984년까지 열린 강의가 "미셸 푸코의 강의 *Cours de Michel Foucault*"라는 제목의 13권짜리 전집으로 간행되었다. 그의 취임 강연은 『담론의 질서 *L'ordre du Discours*』(1971)라는 제목으로 출판되었다.